교과서 개념 잡는 20가지 지리 이야기

대륙이 꿈틀 바다가 빙그르르

ⓒ 글 우리누리 그림 에스더, 2013

1판 1쇄 발행 2013년 12월 23일 | **1판 4쇄 발행** 2021년 4월 15일

글 최영선 | **그림** 에스더
펴낸이 권준구 | **펴낸곳** (주)지학사
본부장 황홍규 | **편집** 문지연 김솔지 | **디자인** 이혜리
제작 김현정 이진형 강석준 방연주 | **마케팅** 송성만 손정빈 윤술옥 이혜인
등록 2010년 1월 29일(제313-2010-24호) | **주소** 서울시 마포구 신촌로6길 5
전화 02.330.5297 | **팩스** 02.3141.4488 | **이메일** arbolbooks@jihak.co.kr
ISBN 978-89-94700-80-9 74800

잘못된 책은 구입하신 곳에서 바꿔 드립니다.

이 도서의 국립중앙도서관 출판예정도서목록(CIP)은 서지정보유통지원시스템 홈페이지(http://seoji.nl.go.kr)와 국가자료종합목록 구축시스템(http://kolis-net.nl.go.kr)에서 이용하실 수 있습니다. (CIP제어번호 : CIP2014033973)

 제조국 대한민국 **사용연령** 8세 이상
KC마크는 이 제품이 공통안전기준에 적합하였음을 의미합니다.

 아르볼은 '나무'를 뜻하는 스페인어. 어린이들의 마음에 담긴 씨앗을 알찬 열매로 맺게 하는 나무가 되겠습니다.

홈페이지 www.jihak.co.kr/arb/book | **포스트** post.naver.com/arbolbooks

차례

지·리·와·만·나·다

01 엉망진창 지구 여행 06
02 퍼즐 같은 세계 지도 12
03 공주님의 반찬 투정 18
04 해류 놀이와 함께하는 즐거운 목욕 시간 24
05 산타의 조건 30

지·도·와·만·나·다

06 돌석이의 지도 36
07 지도라고 다 같은 지도가 아니야! 42
08 지도는 거짓말쟁이? 48
09 몰디브는 몇 분단, 몇 째 줄? 54
10 쌩쌩돌이의 착각 60

우·리·나·라 지·리

11 한반도는 호랑이　　　　　　　　66

12 투덜이 백두 산신령　　　　　　　72

13 오징어의 고향을 찾아서　　　　　78

14 사라진 계절을 찾아라!　　　　　84

15 돼지 삼 형제의 집　　　　　　　90

세·계 지·리

16 세계 기후를 공부하게 된 건축가 만드래　　96

17 대지의 여신 가이아의 일곱 아들　　　　102

18 북극곰 쿠쿠의 남극 여행　　　　　　　108

19 사람을 죽인 검은 안개의 정체　　　　　114

20 생명을 살리는 천 원　　　　　　　　　120

　　　　세계 지도로 지구 들여다보기　　　　126

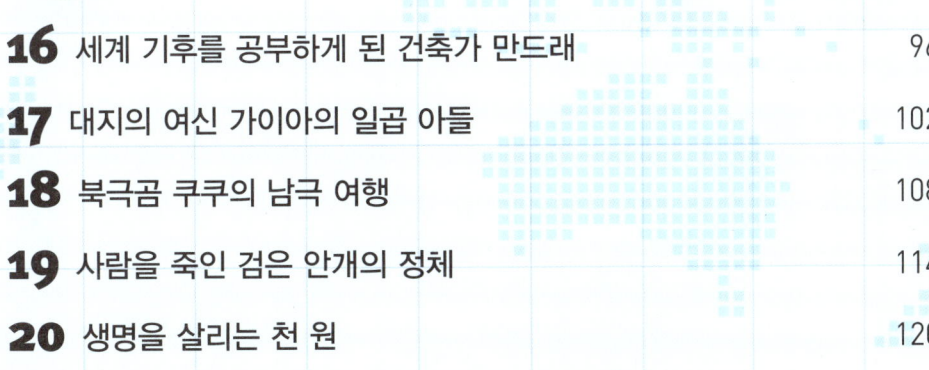

엉망진창 지구 여행

달래가 똘똘이와 함께 바닷가를 산책할 때의 일이에요. 멀리 바닷가 한쪽에 작은 모래 언덕이 보였어요.

"저기서 모래 놀이 하자!"

달래는 신이 나서 모래 언덕으로 달려갔어요. 바로 그때, 모래 언덕에서 꼬물꼬물 무언가가 기어 나왔어요. 영화에서나 보았던 외계인이었어요. 깜짝 놀란 달래는 그만 엉덩방아를 쿵 찧고 말았어요.

"꺅!"

외계인도 달래의 비명에 놀라 엉덩방아를 쿵 찧었어요.

"아이고, 아파!"

외계인은 엉덩이를 문지르며 얼굴을 찡그렸어요. 그 모습이 마치 만화 영화 속 등장인물 같아서 달래는 웃음을 터뜨렸어요.

"웃지 마. 난 안드로메다 최고의 우주 비행사라고!"

외계인이 버럭 화를 냈어요.

"미안. 안 웃을게. 화내지 마."

달래는 손을 살래살래 흔들며 사과했어요.

"좋아. 용서해 줄게. 그 대신 날 좀 도와줘. 지금부터 지구 여행을 할 건데, 넌 그냥 길 안내만 해 주면 돼. 간단하지?"

"길 안내? 내가?"

"응. 네가 나한테 잘못했잖아. 내가 아주 너그러운 마음으로 용서해 줄 테니까, 넌 고마운 마음으로 나를 도와줘야 해."

외계인은 달래의 대답을 듣지도 않고, 막무가내로 달래의 손을 잡아끌었어요.

"어서 우주선에 타."

"잠깐만! 여행 준비물을 챙겨 올게. 여기서 기다려!"

집으로 돌아온 달래는 옷, 모자 등을 챙겼어요. 달래는 다시 바닷가로 달려가 외계인의 우주선에 탔어요.

"먼저 어디로 갈까?"
"난 지구에서 북극곰이 제일 보고 싶어."
"북극곰? 그럼 북극으로 가야지."
외계인은 우주선을 북극으로 몰았어요. 우주선은 빛처럼 빠르게 날아 북극에 도착했어요. 달래는 가방을 열고, 미리 준비한 털옷을 꺼내 입었어요.

"어서 나가자!"
외계인은 아무런 준비도 안 한 채, 바로 우주선 문을 열었어요. 우주선 문이 열리고 찬바람이 쌩 불어왔어요. 외계인은 콧물을 줄줄 흘리고, 콜록콜록 기침을 하기 시작했어요.

"여긴 왜 이렇게 추운 거야?"
외계인은 너무 추워서 바로 우주선 문을 닫았어요.
"북극이니까 당연히 춥지!"
"너무 추워서 북극곰은 안 보고 싶어졌어. 이제 낙타가 보고 싶어. 낙타 보러 가자."
"낙타? 그럼 사막으로 가야겠네."
외계인이 이번엔 우주선을 사막으로 몰았어요. 우주선은 빛처럼 빠르게 날아 금방 사막에 도착했어요.

달래는 얼른 긴팔을 입고, 모자를 썼어요.

"그 옷차림은 뭐야? 설마 여기도 추워?"

"아니. 여기는 햇볕이 뜨거워. 어서 너도 준비해."

"준비? 그런 거 필요 없어. 춥지도 않은데, 뭘!"

외계인은 바로 우주선 문을 열고 땅을 밟았어요. 하지만 몇 발자국 걷지도 못하고 비명을 질렀어요.

"앗, 뜨거워!"

외계인의 팔은 뜨거운 햇볕에 화상을 입어 벌겋게 달아올랐어요.

"이러다 큰일 나겠다. 어서 우주선으로 돌아가자."

달래는 외계인을 데리고, 우주선으로 돌아왔어요.

"대체 팔이 왜 이렇게 된 거지?"

"내가 햇볕이 뜨겁다고 말했잖아. 맨살에 강한 햇볕이 닿아서 그래."

달래의 말에 외계인은 울상을 지었어요.

"아무래도 너는 지구를 여행하기 전에 지리 공부부터 해야겠다. 각 지역의 기후도, 생활도 전혀 모르니까 여행을 할 수가 없잖아."

달래는 혀를 차며 말했어요.

왜 그럴까요?

지리란 무엇일까요?

지구에는 다양한 지형과 기후가 있어요. 어떤 곳은 산이 높고, 어떤 곳은 아주 평평한 땅이에요. 일 년 내내 추워 땅이 꽁꽁 얼어 있는 곳도 있고, 일 년 내내 더워 잎이 큰 나무가 하늘 높이까지 자라는 곳도 있어요. 지형과 기후가 다르면 그곳에 사는 사람들의 모습도 다르지요. 옷도 다르고, 음식도 다르고, 집도 달라요.

지리는 이렇게 우리가 사는 지구 곳곳의 환경과 그곳에 사는 사람들의 다양한 생활 모습을 살펴보는 학문이랍니다.

자연환경과 인문 환경

　환경이란 우리를 둘러싸고 있는 모든 것이에요. 도로·산·밭·강·햇볕, 이 모든 것이 환경이지요. 이러한 환경은 사람의 손을 탔느냐, 타지 않았느냐에 따라 두 가지로 나눌 수 있어요. 사람과 관계없이 자연적으로 존재하는 환경은 자연환경, 사람에 의해 만들어진 환경은 인문 환경이지요.

　햇볕이나 산, 바다 등은 모두 자연환경이에요. 도로·집·다리·교통·문화·산업 등은 사람이 만든 환경, 즉 인문 환경이지요. 자연처럼 보이지만 사람이 땅을 일구고, 식물을 심는 논밭이나 과수원도 인문 환경이랍니다.

　자연환경과 인문 환경은 서로 영향을 주고받아요. 예를 들어, 논밭은 평평하고 기름진 땅을 골라 만들어요. 하지만 바다에는 논밭을 만들 수 없지요. 이렇게 인문 환경을 만들 때는 자연환경을 살펴야 해요. 또 우리가 논밭을 일구고, 집을 지으면 자연환경이 변해요. 산이 깎이기도 하고, 강이 사라지기도 하지요. 이처럼 모든 환경은 서로 영향을 주고받는답니다.

　　　자연환경　　　　　　　인문 환경

퍼즐 같은 세계 지도

동우의 보물 1호는 세계 지도책이에요. 아빠에게 생일 선물로 받은 로봇과 장난감 자동차보다 세계 지도책을 가지고 노는 걸 더 좋아해요. 세계 지도책을 펼쳐서 여러 나라도 찾고, 큰 산맥과 강도 찾아요.

그러던 어느 날, 세계 지도책을 가지고 놀던 동우가 새로운 것을 발견했어요.

"어라? 남아메리카와 아프리카 해안선의 모양이 퍼즐처럼 꼭 맞는 것 같아. 어디 확인해 볼까?"

동우는 궁금증을 풀기 위해 아끼던 세계 지도책에서 두 대륙을 오렸어요. 그리고 퍼즐을 끼우듯 남아메리카 대륙과 아프리카 대륙의 해안선을 붙여 보았어요.

"오, 꼭 맞네!"

동우는 대단한 것을 발견했다는 생각에 신이 나 방방 뛰었어요.

"엄마, 제가 엄청난 걸 발견했어요. 남아메리카 대륙과 아프리카 대륙을 이렇게 붙이면 꼭 맞아요!"

동우는 오려 낸 대륙 조각을 내밀며 신이 나 말했어요.

"그렇구나. 하지만 어쩌니……. 그건 세상 사람들이 벌써 다 아는 사실이야."

"네? 다 안다고요?"

동우는 믿기지 않는 표정으로 물었어요.

"그래. 벌써 100년 전에 알프레드 베게너란 사람이 발견했단다."

엄마는 알프레드 베게너에 대한 이야기를 해 주었어요.

알프레드 베게너는 세계 지도를 보다가 동우처럼 남아메리카 대륙과 아프리카 대륙의 해안선이 퍼즐처럼 꼭 맞아떨어진다는 느낌을 받았어요.

"대륙의 해안선이 이렇게 비슷하다니……. 옛날엔 두 대륙이 하나로 붙어 있었던 건 아닐까?"

깜짝 놀란 베게너는 곧바로 두 대륙이 하나였다는 증거를 찾기 시작했어요. 베게너는 두 대륙을 차례로 방문하여 해안선 근처의 땅을 깊숙이 파 보았어요. 두 대륙의 땅속에서 똑같은 화석이 똑같은 깊이에서 나오자, 베게너는 자신의 생각에 확신을 얻었어요.

"역시 내 생각이 맞았어. 옛날에는 두 대륙이 붙어 있었던 거야."

베게너는 더욱 자세하게 연구한 끝에 두 대륙뿐 아니라 다른 대륙들도 모두 하나로 붙어 있었다는 사실을 알아냈어요. 이 발견을 바탕으로

베게너는 1912년에 대륙이 움직인다는 '대륙 이동설'을 세상에 알렸지요. 하지만 사람들은 베게너의 말을 믿지 않았어요.

"땅이 움직이다니, 그게 말이 돼? 대체 왜 그런 일이 일어나겠어."

베게너는 자신의 말을 믿지 않는 사람들이 너무나 답답했어요. 하지만 베게너도 왜 땅이 움직이는지는 몰랐어요.

알프레드 베게너의 이야기를 들은 동우는 괜히 심술이 났어요. 그리고 투덜거리듯 엄마에게 말했어요.

"엄마는 왜 나를 이렇게 늦게 낳았어요? 내가 일찍 태어났으면 '대륙 이동설'을 처음 발표한 사람은 알프레드 베게너가 아니라 '이동우'가 되었을 거라고요."

동우의 말에 엄마가 웃으며 맞장구를 쳤어요.

"그렇구나. 그럼 내 아들이 '대륙 이동설'을 발표해 역사에 이름을 남겼을 텐데……."

동우는 정말 안타까웠어요. 그런 동우에게 엄마는 스스로 알아낸 것만으로도 기특하다며, 칭찬을 듬뿍 해 주었어요.

땅은 왜 움직일까요?

알프레드 베게너는 대륙이 움직인다는 사실을 알아냈지만, 땅이 어떻게 움직이는지는 밝혀내지 못했어요.

땅이 왜 움직이는지 알기 위해서는 지구의 구조를 알아야 해요. 지구는 마치 우리가 여름에 맛있게 먹는 복숭아처럼 생겼어요. 단단한 복숭아 씨앗이 핵, 그 위의 말랑한 속살이 맨틀, 속살을 보호하는 껍질이 지각이지요. 다만 지각은 복숭아 껍질과 다르게, 여러 판으로 나뉘어 있어요. 이렇게 지구의 구조는 크게 핵, 맨틀, 지각으로 구성되어 있답니다.

지구 가운데에 있는 핵은 어마어마한 에너지를 갖고 있어 굉장히 온도가 높아요. 핵과 닿는 부분의 맨틀 온도는 무려 5,000도 정도로 뜨겁지요.

핵과 멀리 떨어질수록 맨틀 온도가 내려가는데, 지각과 가까운 쪽의 맨틀 온도는 1,000도 정도예요. 온도 차이가 크기 때문에 맨틀은 끊임없이 움직여요. 물을 끓이면 뜨거운 물이 위로 올라가고, 차가운 물이 아래로 내려가는 것처럼, 맨틀도 움직이는 것이지요.

맨틀이 움직이면 그 위에 놓인 지각 판도 움직이게 돼요. 판은 움직이면서 서로 멀어지기도 하고, 가까워지기도 하고, 밀어내기도 하지요. 그 결과, 하나로 붙어 있던 대륙이 지금처럼 서로 떨어지게 된 것이랍니다.

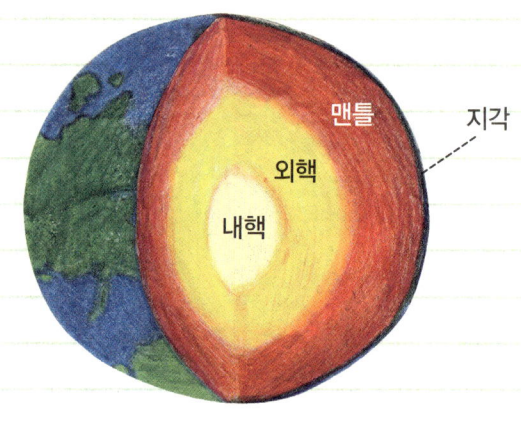

지구의 구조

세상의 모든 땅 '판게아'

판게아는 그리스 어로 '모든 땅'이란 뜻이에요. 약 2억 5천만 년 전, 지구는 판게아라는 하나의 거대한 대륙을 갖고 있었어요. 이 판게아는 땅이 움직이면서 여러 조각으로 흩어졌고, 지금의 대륙 모양으로 변했답니다.

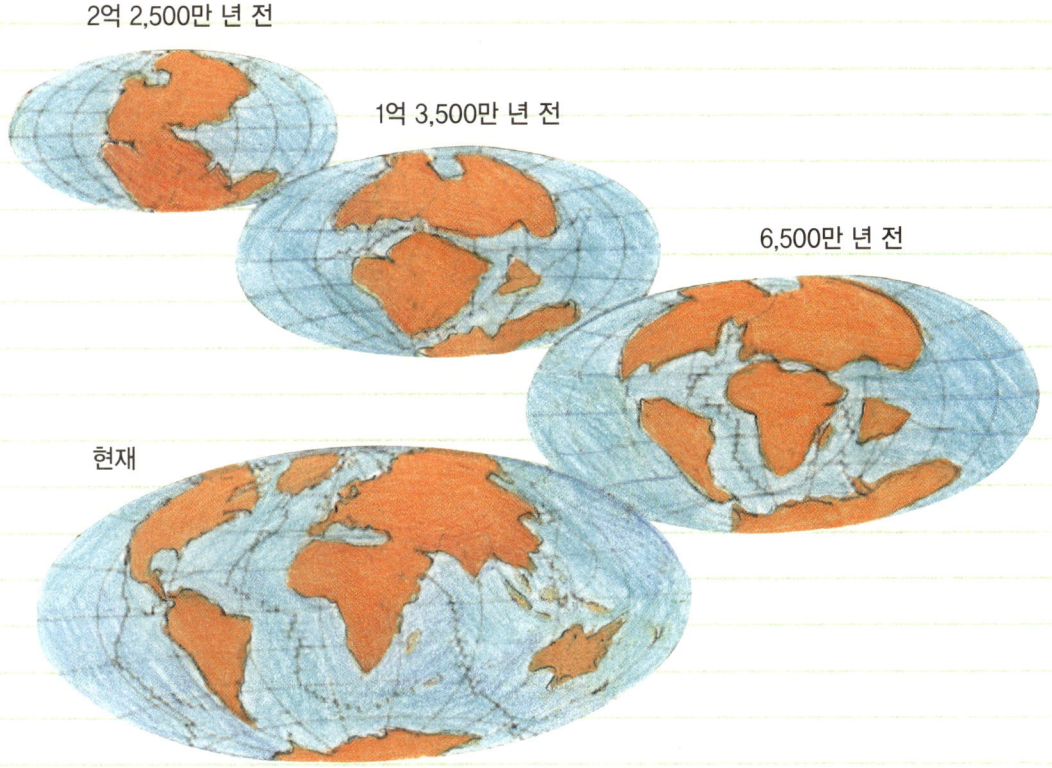

공주님의 반찬 투정

아주 먼 옛날, 한 왕국에 공주가 살고 있었어요. 공주가 사는 왕국은 깊은 산속에 있었지요. 그러다 보니 음식도 산나물이나 산짐승 고기만 먹었어요.

그러던 어느 날, 다른 왕국에서 들여온 책에서 공주는 새로운 음식을 보게 되었어요. 김이 모락모락 나는 하얀 쌀밥과 노릇노릇하게 구워진 생선구이였어요. 공주는 그 그림을 보는 순간 침을 꼴딱 삼켰어요.

그날부터 공주는 지금까지 하지 않았던 반찬 투정을 하기 시작했어요.

"뭐야? 또 산나물에 고기야? 안 먹어! 하얀 쌀밥에 노릇노릇한 생선구이를 가져오란 말이야."

결국 공주는 쌀밥과 생선구이를 가져올 때까지 밥을 먹지 않겠다고 선언했어요. 하루가 다르게 공주는 빼빼 말라 갔어요. 그런 공주를 안타깝게 바라보던 왕은 왕국에서 가장 용감한 병사를 불렀어요.

"이 일을 맡길 사람은 너밖에 없다. 쌀밥과 생선구이를 구해 오너라."

왕의 명령을 받은 병사는 왕국 주변을 샅샅이 뒤졌지만, 쌀밥과 생선구이를 찾을 수 없었어요.

"이대로 돌아갈 순 없는데, 어떡하지? 후유……."

병사는 왕이 실망할 생각을 하니, 마음이 무거웠어요. 그래서 깊은 한숨이 절로 나왔지요. 바로 그때, 땅이 쩍 갈라지더니 수염이 긴 할아버지가 나타났어요.

"무슨 걱정이 있기에 땅이 갈라지도록 한숨을 쉬는 것이냐?"

병사는 할아버지에게 사정을 설명했어요. 설명을 들은 할아버지는 혀를 찼어요.

"쯧쯧! 그래서 이 험한 산을 모두 다 헤집고 다녔단 말이냐? 고생 많았 겠구먼."

할아버지의 말에 병사는 설움이 몰려왔어요. 그동안 고생했던 기억이 떠오르는 바람에 병사는 눈물을 줄줄 흘렸어요. 할아버지는 엉엉 우는 병사를 달래며 말했어요.

"그렇다고 울면 어떡하나? 이곳을 벗어나 다른 지형에 가면 쌀밥과 생선구이를 구할 수 있을 것이네."

"네? 어디로 가면 되는 겁니까?"

병사는 눈을 동그랗게 뜨고 물었어요.

"쌀밥은 쌀이 나는 평지에서, 생선구이는 생선이 나는 해안 지역에서 구할 수 있지. 산에서 내려가면 넓은 들판이 있는데, 그곳이 바로 평지라네. 해안 지역은 평지에 사는 사람들에게 물어보면 가르쳐 줄 걸세."

병사는 할아버지의 말이 끝나기가 무섭게 가파른 산길을 내달려 산에서 내려왔어요. 그러자 눈앞에 평평한 들판이 보였어요.

"여기가 평지구나."

평지 곳곳에는 누런 벼가 자라고 있었어요. 병사는 평지에서 벼를 키우는 사람들에게 부탁해 쌀을 구했어요. 또 해안 지역으로 가는 길도 물어보았어요.

"저기 강이 보이죠? 강을 따라 쭉 내려가면 바다를 끼고 있는 해안 지역이 나올 겁니다."

그길로 병사는 생선을 찾아 떠났어요. 강을 따라 쭉 내려가니, 땅이 점점 낮아지며, 마침내 바닷가와 만나는 해안 지역이 나왔어요.

바닷가로 내려가자 사람들이 탄 배가 보였어요. 배에는 바다에서 잡은 생선이 실려 있었어요. 병사는 뱃사람들에게 부탁해 생선을 얻었어요.

병사는 한 손에 쌀을, 또 한 손에는 생선을 들고 왕국으로 돌아갔어요. 공주는 병사가 가져온 재료로 만든 음식을 맛있게 먹었어요. 그리고 더 이상은 반찬 투정을 하지 않았답니다.

지형이란 무엇일까요?

지형(地形, 땅 **지** 모양 **형**)은 땅의 모양을 뜻해요. 땅은 다양한 모양을 갖고 있는데, 이는 우리가 사는 지각 판이 부딪히거나 멀어지면서 생기지요. 대표적인 지형은 산지, 평지, 해안 등이에요.

산지는 주변 땅보다 위로 불룩 솟아오른 땅이에요. 산봉우리의 모양을 보면 언제 만들어졌는지 추측할 수 있어요. 뾰족한 봉우리를 가지고 있는 산지는 3,000만 년에서 1억 년 전, 둥근 봉우리를 가지고 있는 산지는 3억 년에서 5억 년 전에 만들어졌어요.

평지는 평평한 땅이에요. 땅이 불룩하거나 오목하지 않고, 주변과 비슷한 높이를 갖고 있지요. 평지가 산처럼 높은 곳에 있으면 고원이라고 불러요. 고원은 평지가 쑥 올라가 만들어진 지형이지요.

해안은 바다와 만나는 땅이에요. 해안 지역은 다양한 해안선을 갖고 있어요. 땅의 한 부분이 물속으로 꺼지면 그 위로 물이 들어와 아주 복잡한 모양의 해안선이 만들어지지요. 반대로 위로 솟아오른 땅과 바다가 만나는 곳에서는 단순한 모양의 해안선이 생긴답니다.

해안

산지

흔들흔들 지진과 우르르 쾅 화산

지각은 항상 움직이고 있기 때문에 지진을 일으키거나, 화산을 폭발시켜요.

지진은 땅이 흔들리는 현상이에요. 이마를 벽에 부딪었을 때 '띵' 하고 머리가 울리는 것처럼, 지각 판끼리 서로 부딪혔을 때도 울림이 생겨요. 이 울림이 땅을 흔드는 것이지요.

화산은 땅속을 강처럼 흐르고 있는 마그마가 위로 솟구쳐 나와 생긴 산이에요. 마그마는 갈라진 지각 판의 약한 부분을 비집고 땅 위로 솟구치지요. 땅 밖으로 나온 마그마는 용암이라고 불러요. 용암은 빠르게 식어 높은 산이 되기도 하고, 천천히 식으며 넓게 퍼져서 용암 대지를 만들기도 한답니다.

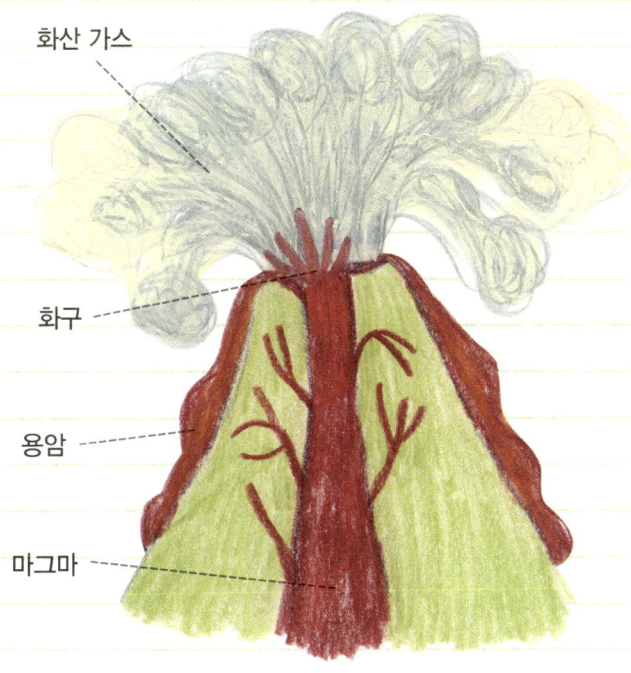

4
해류 놀이와 함께하는 즐거운 목욕 시간

　오늘은 덜렁이가 목욕하는 날이에요. 덜렁이는 목욕을 참 싫어해요. 뜨거운 물에 몸을 담그는 것도 싫고, 때를 미는 것도 싫어하지요. 그래서 덜렁이는 온종일 엄마를 슬금슬금 피해 다녔어요. 엄마가 부엌에 있을 때는 거실로, 거실에 있을 때는 방으로, 방에 들어왔을 때는 침대 밑으로 숨었어요. 하지만 엄마는 저녁이 되자 셜록 홈스처럼 곧바로 덜렁이를 찾아냈어요.

　"요 녀석! 여기 있으면 못 찾을 줄 알았지?"

　뒷마당에 숨어 있던 덜렁이는 엄마에게 걸려 욕실로 끌려갔어요.

　"오늘부터는 너 혼자 목욕을 해 보렴."

엄마는 덜렁이를 혼자 남겨 두고 욕실을 나갔어요. 혼자 남겨진 덜렁이는 어쩔 수 없이 목욕 준비를 시작했어요. 찬물을 틀어 놓고 옷을 벗었어요. 욕조에 찬물이 반쯤 차자 물을 잠그고, 이번에는 더운물을 틀었어요. 욕조에 물이 금방 가득 찼어요.

"얼른 끝내야지."

욕조에 재빨리 발을 넣은 덜렁이는 깜짝 놀라 비명을 질렀어요. 그 소리에 놀란 엄마가 욕실로 달려왔어요.

"왜 그래? 무슨 일이야?"

"물이 너무 뜨거워요. 분명 찬물도 틀었는데……."

덜렁이는 붉어진 다리를 내밀며 말했어요.

"물을 잘 섞었니?"

"아니요."

엄마는 욕조 물에 손을 담그고, 휘휘 저었어요.

"물을 잘 섞어야지. 바닷물이 섞이듯이 말이야."

"엥? 바닷물에 찬물과 더운물이 있어요?"

찬물에 아픈 다리를 담그고 있던 덜렁이가 고개를 갸우뚱거렸어요.

"응. 만약 섞이지 않는다면 아주 무시무시한 일이 일어날걸? 햇빛을 많이 받는 적도 쪽 바닷물은 매우 뜨거울 거야. 반대로 햇빛을 적게 받는 북극과 남극의 바닷물은 꽁꽁 얼겠지."

엄마의 말에 덜렁이는 적도와 북극, 남극 바닷물의 모습을 상상해 보았어요. 생각만 해도 너무나 끔찍했어요.

"이런 바닷물의 흐름을 해류라고 해. 해류는 물 온도에 따라 난류와 한류가 있단다. 난류는 따뜻한 바닷물의 흐름인데, 더운 적도 쪽에서 추운 북극과 남극을 향해 흐르지. 한류는 차가운 바닷물의 흐름인데, 추운 북극 쪽에서 더운 적도를 향해 흘러. 난류와 한류가 움직이며 바닷물이 섞이는 거야."

덜렁이도 엄마를 따라 욕조 물에 손을 담그고 물을 섞어 보았어요. 먼저 더운물을 찬물 쪽으로 보냈어요.

"이것은 난류."

반대로 이번에는 찬물을 더운물 쪽으로 보냈어요.

"이것은 한류."

몇 번 반복하니, 금방 더운물과 찬물이 섞이며 알맞은 온도가 됐어요.

"바닷물이 이렇게 섞이고 있다는 거죠?"

"그래!"

덜렁이는 이제부터 목욕물을 알맞게 섞는 것을 '해류 놀이'라고 부르기로 했어요.

"자! 이제 목욕해야지?"

엄마의 말에 덜렁이는 욕조로 들어가 목까지 몸을 푹 담갔어요. 해류 놀이 덕분에 오늘은 다른 날보다 목욕이 재미있었답니다.

해류는 왜 만들어질까요?

　지구는 둥글어서 지역마다 햇볕을 받는 양이 달라요. 지구를 가로로 반 가르는 선을 '적도'라 부르는데, 이 적도 주변은 지구에서 햇볕을 가장 많이 받는 곳이라 더워요. 반대로 지구 위아래에 위치한 북극과 남극은 햇볕을 가장 적게 받는 곳이라 춥지요.

　바다도 똑같아요. 적도 주변의 바닷물은 햇볕을 많이 받아 따뜻하지만, 북극과 남극 주변의 바닷물은 햇볕을 적게 받아 차가워요. 적도에서 생긴 따뜻한 바닷물 '난류'는 북극과 남극 쪽으로 흘러요. 반대로 북극과 남극에서 생긴 차가운 바닷물 '한류'는 적도 쪽으로 흐르지요. 이렇게 해류는 계속해서 움직이며 지구를 돌지요.

⬅ 난류　⬅ 한류

바닷물은 지구를 끊임없이 돌며 흐르지!

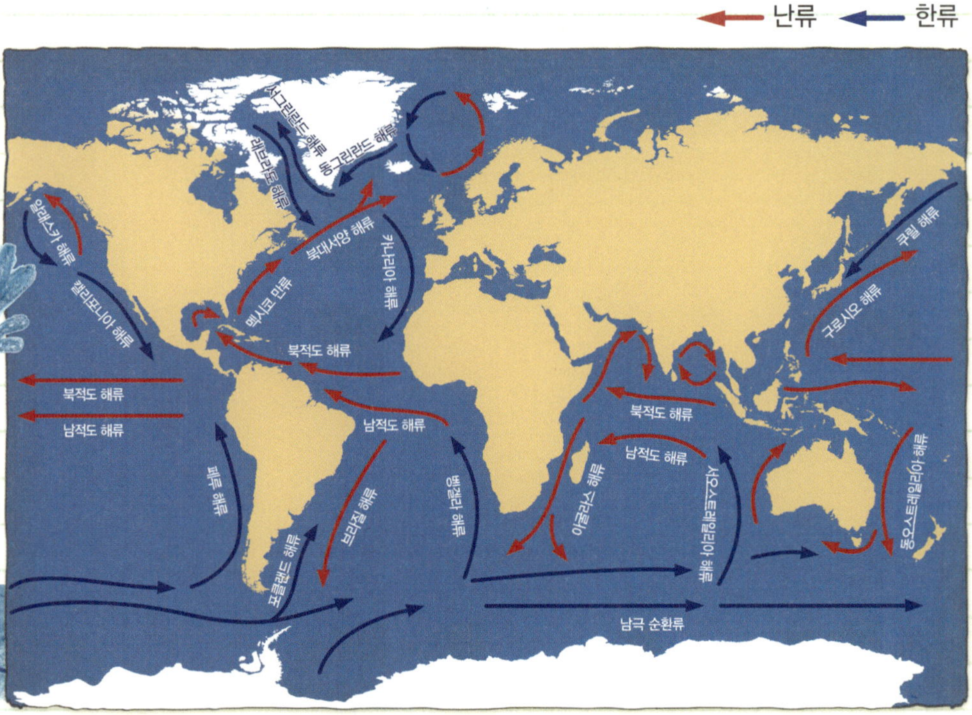

지구의 다섯 대양

지구 표면의 70퍼센트는 바다로 덮여 있어요. 우주에서 지구를 내려다볼 때 푸르게 보이는 이유도 바다 때문이지요.

바다 중에서도 매우 넓은 바다를 '대양(大洋, 큰 대 큰바다 양)'이라고 해요. 지구에는 태평양, 대서양, 인도양, 북극해, 남극해 등 다섯 개의 대양이 있답니다.

북극해
아시아, 유럽, 북아메리카에 둘러싸여 있어요. 지구 꼭대기에 있기 때문에 꽁꽁 얼어 있어요.

대서양
두 번째로 큰 바다예요. 수많은 강이 대서양으로 흘러들어서 다른 대양보다 덜 짜요.

태평양
넓고 평온한 바다라는 뜻으로, 세계에서 가장 넓고 깊은 바다예요.

남극해
태평양, 대서양, 인도양의 남쪽 끝에 있어요. 남극 땅과 그에 딸린 섬을 둘러싸고 있는 바다예요.

인도양
세 번째로 큰 바다로, 적도 남쪽에 자리하고 있어요.

산타의 조건

산타 할아버지가 그만 큰 병에 걸렸어요. 약을 먹어도, 주사를 맞아도 소용이 없었어요. 의사는 산타 할아버지에게 절대로 무리하지 말고 푹 쉬라고 이야기했어요.

"곧 크리스마스예요. 제가 꼭 썰매를 타고 가서 전 세계 어린이들에게 선물을 나누어 주어야 한다고요."

"올해는 절대로 안 됩니다. 이번 크리스마스는 눈 딱 감고 그냥 넘어가세요. 그렇지 않으면, 다시는 썰매를 못 타게 될지도 모릅니다."

의사는 무섭게 겁을 주었어요. 산타 할아버지는 고민 끝에 올해 딱 하루만 자기 대신 썰매를 타고 어린이들에게 선물을 나누어 줄 사람을 구하기로 했어요. 하루만 일하면 되지만 아무에게나 이 일을 맡길 수는 없었어요. 산타 할

아버지는 전 세계에 다음과 같은 내용의 구인 광고를 냈어요.

일일 산타 모집

이번 크리스마스에 아이들에게 선물을 나누어 줄 산타를 구합니다.
- **업무** : 전 세계 어린이들에게 선물 배달
- **자격** : 썰매 면허를 갖고 있는 사람, 굴뚝에 잘 올라가는 사람
- **특전** : 공짜 세계 일주

이 광고를 본 수많은 사람들이 산타가 되겠다며 이력서를 보내왔어요. 산타 할아버지는 그중에서 가장 마음에 드는 두 사람과 만나기로 했어요. 약속한 날이 되자 두 명의 산타 후보가 산타 할아버지를 찾아왔어요. 두 명 모두 산타 할아버지 마음에 쏙 들었어요. 모두 아이들이 좋아할 만큼 푸근한 인상이었고, 시원하게 잘 웃었지요.

"모두 마음에 드는군. 하지만 산타는 한 명이니, 둘 중 하나를 선택해야겠지?"

산타 할아버지는 이 둘

에게 산타 시험을 치르게 했어요. 첫 번째 시험은 굴뚝 오르기예요. 두 후보 모두 굴뚝에 잘 올라가서, 누가 더 나은지 가릴 수 없었어요.

두 번째 시험은 선물 고르기예요. 한국과 오스트레일리아 두 나라 아이들에게 줄 선물을 고르는 시험이었어요.

"잊지 말게. 아이들이 선물을 받자마자 곧바로 갖고 놀 수 있는 것으로 고르게."

산타 할아버지의 말에 두 후보는 자신이 생각하는 가장 멋진 선물을 골라 왔어요. 첫 번째 후보가 가져온 선물은 한겨울 손을 따뜻하게 해 주는 장갑이었어요.

"겨울에 아이들이 좋아하는 건 눈싸움이지요. 이 장갑은 매우 따뜻해서 눈싸움하는 아이들의 손을 보호해 줄 것입니다."

첫 번째 후보가 자신이 가져온 선물을 자랑스럽게 내밀었어요. 하지만 산타 할아버지와 두 번째 후보의 표정이 안 좋았어요. 첫 번째 후보는 무언가 잘못됐다는 것을 느꼈어요.

"뭐가 잘못됐습니까?"

첫 번째 후보의 말에 두 번째 후보가 자신이 골라 온 선물을 내밀며 말했어요.

"한국의 크리스마스는 분명 겨울이지요. 하지만 오스트레일리아의 크리스마스는 한여름이에요. 그러니 한국 아이에게는 장갑을, 오스트레일리아 아이에게는 수영복을 선물하는 게 어떨까요?"

두 번째 후보의 설명을 듣던 첫 번째 후보의 얼굴이 빨갛게 달아올랐어요. 산타 할아버지는 짝짝 손뼉을 치며 상황을 정리했어요.

"드디어 결정된 것 같군."

산타 할아버지의 말이 끝나기가 무섭게 첫 번째 후보가 도망치듯 떠났어요.

"적도 위아래의 계절이 서로 다르다는 것을 모르면 산타가 될 수 없지. 잘 부탁하네."

산타 할아버지는 두 번째 후보의 어깨를 툭툭 치며 크게 웃음을 터뜨렸어요. 기분 좋은 산타 할아버지의 웃음소리가 산타 마을에 울려 퍼졌어요.

우리나라와 오스트레일리아의 계절은 왜 반대일까요?

적도 북쪽에 있는 북반구와 남쪽에 있는 남반구는 계절이 반대예요. 지구가 살짝 기울어진 모양으로 태양 주위를 돌기 때문이지요.

우리나라는 북반구에, 오스트레일리아는 남반구에 있어요. 우리나라가 태양과 거의 수직일 때는 햇볕을 많이 받아 여름이 돼요. 이때 오스트레일리아는 햇볕이 비스듬히 들어와 추운 겨울이 되지요.

지구가 태양을 반 바퀴 돌면, 우리나라에 햇볕이 비스듬히 들어와 추운 겨울이 와요. 반대로 오스트레일리아는 태양과 수직이 되면서 더운 여름이 된답니다.

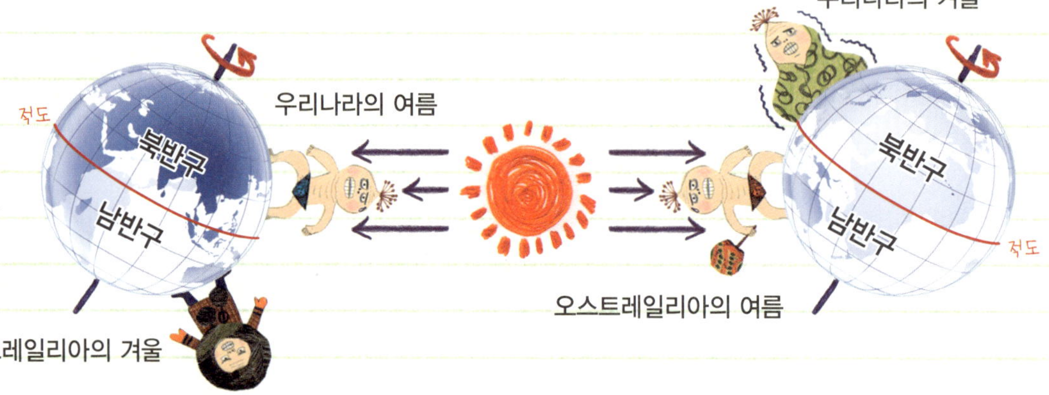

여름일 때의 태양 위치
태양이 바로 위에 있으므로 좁은 면적에 햇볕이 집중되어 뜨겁다.

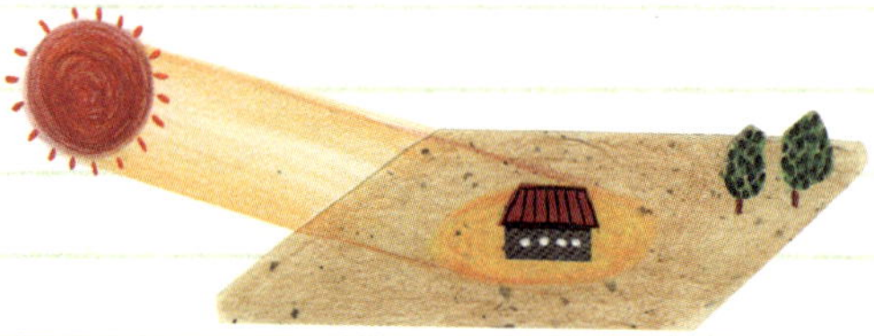

겨울일 때의 태양 위치
태양이 비스듬히 있으므로 넓은 면적에 햇볕이 퍼져서 덜 뜨겁다.

날씨, 기후, 계절

우리는 온도, 눈비, 바람 등으로 공기의 상태를 살펴요. 이러한 공기의 상태를 나타내는 말이 바로 날씨, 기후, 계절이에요.

날씨는 매일의 공기 상태예요. 매일 뉴스를 보면 마지막에 일기 예보가 나와요. 일기 예보에서는 다음 날의 날씨를 알려 줘요. 일기 예보를 보면 눈이 올지, 비가 올지, 바람이 얼마나 불지, 온도는 어떨지 등의 다음 날의 공기 상태를 알 수 있어요.

기후는 1년을 주기로 반복되는 공기의 상태예요. 몇 월에 눈이 내리는지, 몇 월에 가장 더운지, 몇 월에 바람이 가장 세게 부는지도 알 수 있어요. 기후는 30년 동안의 날씨 정보를 관찰해서 알아낸 공기의 평균 상태예요.

계절은 기후를 몇 개의 토막으로 나눈 거예요. 우리나라는 따뜻한 봄, 더운 여름, 서늘한 가을, 추운 겨울 등 사계절을 가지고 있지요.

돌석이의 지도

옛날, 아주 오래전 이야기예요. 그때 사람들은 주로 나무 열매를 따 먹거나 짐승을 잡아서 먹었어요. 돌석이도 가족들에게 먹을 것을 가져다주기 위해 매일 숲을 헤매고 다녔어요.

그러던 어느 날, 돌석이는 열매를 찾기 위해 숲으로 들어갔다가 지금까지 한 번도 가 본 적 없는 곳까지 가게 됐어요.

"너무 멀리 온 것 같은데……."

돌석이는 돌아갈 길을 찾을 수 있게 다양한 표시를 하기 시작했어요. 나뭇가지를 꺾어 놓기도 하고, 돌멩이를 놓아두기도 했어요. 그렇게 한참을 걷던 돌

석이는 열매가 많이 열려 있는 나무를 발견했어요.

"와! 이 정도 양이면 우리 식구가 일주일은 먹을 수 있겠다."

돌석이는 신 나게 열매를 따기 시작했어요. 이렇게 열매가 많이 달린 나무를 찾은 건 정말 오랜만이었거든요. 그렇게 열매를 따고 있는 사이, 날이 어두워지기 시작했어요.

"더 늦으면 집에 가는 길을 찾기 어려울 거야."

돌석이는 표시를 보며 왔던 길을 되짚어가기 시작했어요. 한참을 가던 돌석이는 깜짝 놀라 걸음을 멈추었어요.

"앗, 여긴 아까 지났던 곳인데?"

새가 꺾어진 나뭇가지 방향을 바꿔 놓고, 지나가던 동물이 돌멩이를 발로 차 버렸기 때문에 왔던 길을 찾을 수가 없었어요. 돌석이는 기억을 되살려서 길을 찾기 시작했어요. 어느새 날이 완전히 저물었어요. 멀리서 사나운 짐승의 울음소리가 들려왔어요. 돌석이는 덜컥 겁이 났어요.

"기억력이 좋았더라면 집에 잘 찾아갈 수 있었을 텐데……."

돌석이는 사나운 짐승과 추위를 피해 동굴로 들어가 아침이 밝기만을

기다렸어요.

　날이 밝자 돌석이는 다시 집으로 돌아가는 길을 찾아 숲을 헤매고 다녔어요. 다음 날에도, 그다음 날에도 돌석이는 길을 찾지 못했어요. 갖고 있던 열매도 다 먹고, 몇 알 남지 않았을 때가 되어서야 겨우 집에 돌아갈 수 있었어요.

　집에서 기다리고 있던 가족들은 무척 기뻐했어요. 돌석이처럼 먹을 것을 구하러 멀리 나갔다가 길을 잃어 영영 돌아오지 못하는 사람도 있었기 때문이에요. 하지만 가족들의 기쁨은 오래가지 않았어요. 잔뜩 겁을 먹은 돌석이가 먹을 것을 구하러 나갈 생각을 전혀 하지 않았거든요.

　"여보, 안 나가요?"

　"안 나가는 게 아니라 무서워서 못 나가는 거야."

　돌석이는 길을 쉽게 기억하는 방법을 연구하기 시작했어요.

그러던 어느 날, 멋진 생각이 떠올랐어요.

"그래! 사냥 다니는 길을 그림으로 그려 두는 거야. 왜 진작 이 생각을 못 했지?"

돌석이는 나무판과 뾰족한 돌멩이를 들고 길을 나섰어요. 갈림길이 나올 때마다 나무판에 길을 그려 넣었어요. 집에 돌아올 때는 나무판에 그려진 길을 따라 거슬러 왔어요. 나무판에 그려진 표시 덕분에 길을 잘 찾을 수 있었어요. 다음 날에는 그 나무판에 나무 열매가 많이 있는 곳도 표시해 두었어요.

시간이 지나면서 사람들은 너도나도 자신이 다니는 길을 나무판에 그리기 시작했어요. 다른 사람이 그린 땅 그림을 보고, 여러 장소를 잘 찾아가게 됐어요. 지도는 이렇게 탄생했답니다.

세계 최초의 지도는?

오래전에 그려진 지도는 지금의 지도와 많이 다르므로 사람마다 세계 최초라고 꼽는 지도가 다 달라요. 그중 다음 세 개의 지도를 세계 최초의 지도로 꼽는 경우가 많아요.

바빌로니아의 세계 지도

카모니카 족의 촌락 지도

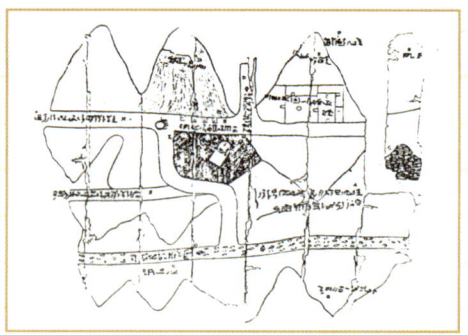

이집트 누비아 금광 지도

바빌로니아 세계 지도는 점토판에 새겨진 지도예요. 기원전 2500년쯤에 만들어졌으며, 두 개의 큰 원 중 가운데 원은 대륙, 밖에 있는 원은 바다랍니다. 대륙을 뜻하는 원에는 산, 도시, 늪, 바다 등이 표시되어 있어요.

카모니카 족의 촌락 지도는 이탈리아 북부에 있는 알프스 산 카모니카 계곡의 절벽에 새겨져 있어요. 기원전 1500년쯤에 그려졌으며 집, 사람, 동물, 논밭, 길 등이 그려져 있지요. 이름처럼 카모니카 족의 마을 모습을 잘 담고 있답니다.

이집트 누비아 금광 지도는 식물의 줄기를 뭉쳐서 만든 파피루스 위에 그려진 지도예요. 기원전 1300년쯤에 그려졌으며 금광, 도로, 광장, 저수지, 건물 등의 위치가 나와 있어요.

지도 속 세 약속

지도를 그릴 때는 세 가지 약속을 꼭 지켜야 해요. 첫째, 땅은 일정한 비율로 줄여야 해요. 그래야 큰 땅을 작은 종이에 정확하게 옮길 수 있으니까요. 둘째, 땅 위에 있는 산, 논, 과수원, 댐 등은 모두 약속된 기호를 사용해 표시해야 해요. 예를 들어 산은 ▲로, 논은 ⊥로, 과수원은 ○로, 학교는 ⊥로 간단하게 표시하지요. 셋째, 동서남북의 방향을 알리는 '방위'도 약속으로 정해져 있어요. 방위표가 없는 경우, 지도의 위가 북쪽, 아래가 남쪽이랍니다.

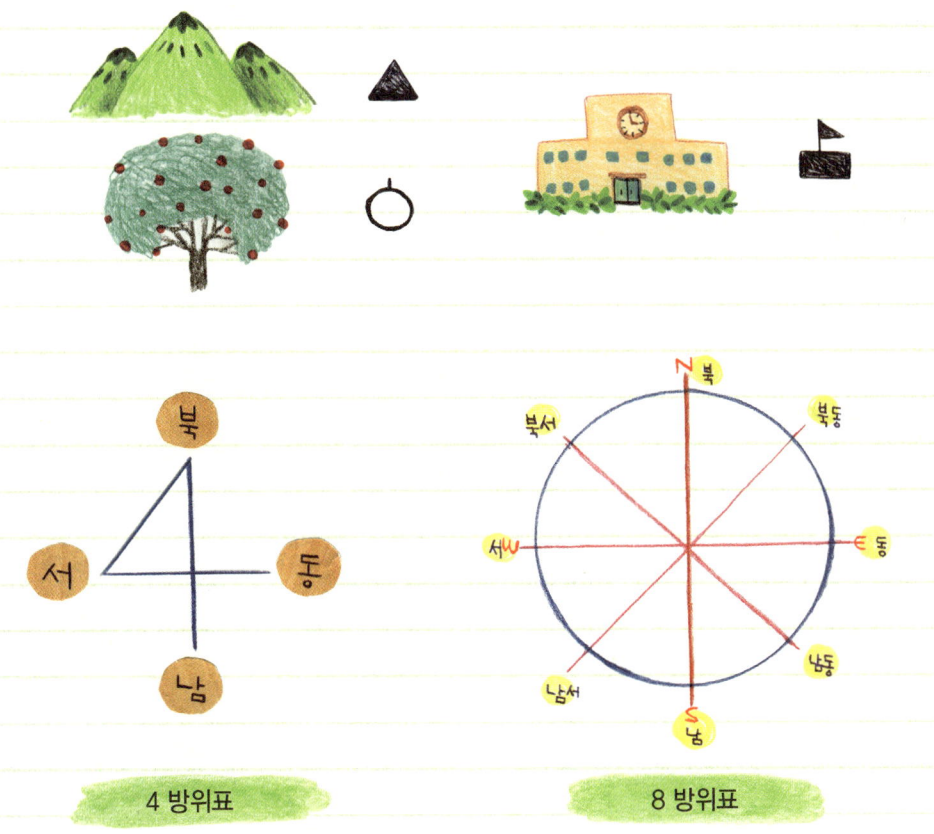

4 방위표   8 방위표

지도라고 다 같은 지도가 아니야!

오늘은 덜렁이네 가족이 강원도로 여행을 떠나는 날이에요. 도시락을 준비하던 엄마가 갑자기 생각난 듯 말했어요.

"여보! 지도 챙겼어요?"

"지도 없이도 잘 찾아갈 수 있어. 나만 믿으라고."

아빠가 자신 있게 말했지만, 엄마는 아빠가 영 못 미더웠어요. 그래서 덜렁이에게 작은 소리로 몰래 말했어요.

"덜렁아, 교통 지도 좀 챙겨. 어째 좀 불안하다."

엄마의 말에 덜렁이는 방으로 달려가 지도를 찾았어요. 여러 지도책 중에서 가장 얇고 최근에 나온 지도를 챙겨 가방에 넣었어요.

"출발하자!"

아빠가 덜렁이를 재촉했어요. 엄마와 아빠, 덜렁이는 차에 타고 강원도로 향했어요.

"하필 휴가 때 내비게이션이 고장 날 게 뭐람? 하지만 걱정 말라고. 내가 길 잘 찾는 거 다들 알잖아."

덜렁이는 여행 생각에 신이 나 학교에서 배운 노래를 부르기 시작했어요. 덜렁이의 노래에 엄마는 박수를 치고, 아빠는 휘파람을 불며 흥을 더했어요. 가는 길에 잠깐 내려 도시락도 먹으며 쉬었어요.

한참을 차로 달려가고 있을 때의 일이에요. 갑자기 엄마가 아빠에게 말했어요.

"제대로 가고 있는 거예요? 너무 오래 걸리는 것 같은데······."

"아까 오랫동안 쉬어서 그런가 봐. 걱정하지 말고, 나만 믿어."

자신감 넘치는 아빠의 말에 엄마는 더는 아무 말도 하지 못했어요. 그 후로 1시간이 더 지났지만, 목적지에 도착하지 못했어요. 왠지 아빠 표정도 심각해 보였어요. 이번에는 불안해진 덜렁이가 나섰어요.

"아빠, 아직 멀었어요?"

"글쎄……."

아빠의 말에 기다렸다는 듯이 엄마가 나섰어요.

"여보. 잠깐 차를 세우고, 지도 좀 확인하고 가요."

"지도를 가져왔어? 그럼 진작 말했어야지!"

아빠가 자동차를 세우며 말했어요. 덜렁이는 배낭에서 지도를 꺼내 아빠에게 건넸어요. 지도를 받아 든 아빠가 어리둥절한 표정을 지었어요.

"왜요?"

고개를 쭉 들이밀어 지도를 본 엄마도 당황한 표정이었어요. 덜렁이는 엄마, 아빠가 왜 그러는지 알 수 없었어요. 하지만 무언가 불길한 예감이 들었어요.

"뭐가 잘못됐나요?"

조그만 목소리로 묻는 덜렁이에게 엄마, 아빠가 동시에 소리쳤어요.

"이건 한국 전도잖아."

"교통 지도책을 가져 왔어야지."

덜렁이는 고개를 갸우뚱거렸어요.

"네? 지도라면 다 똑같은 거 아니에요?"

"아니야."

"다르지."

이번에도 엄마, 아빠가 똑같이 소리쳤어요. 덜렁이는 당황해서 지도를 들여다보았어요. 산·강·호수·도시 등 이것저것 많이 표시되어 있는데, 대체 뭐가 문제인 걸까요?

"여기는 큰길만 표시되어 있잖아. 우리가 어느 길로 가야 할지 알려면 작은 길까지 자세히 나와 있는 교통 지도를 봐야 해."

엄마가 한숨을 푹 쉬며 아빠에게 말했어요.

"그러게 당신이 진작 교통 지도책을 챙겼어야죠!"

엄마와 덜렁이에게 미안해진 아빠는 아무 말도 못 하고, 다시 운전을 시작했어요. 밖은 벌써 해가 지고 있었어요.

왜 지도마다 담고 있는 내용이 다를까요?

옛날 사람들은 지도에 땅의 모습만 그렸어요. 하지만 시간이 흐르면서 지도를 새롭게 이용하는 방법을 생각해 냈어요. 각 지역의 날씨나 사람 수 등을 지도에 표시하여 한눈에 여러 지역을 비교할 수 있게 만든 것이지요. 이렇게 지도의 쓰임새가 점점 다양해졌어요.

지도는 쓰임새에 따라 일반도와 주제도로 나누어요. 일반도는 땅의 모습을 담고 있는 지도예요. 우리가 알고 있는 보통 지도이지요. 주제도는 특정한 정보를 전달하기 위해 만든 지도예요. 각 지역의 기후를 알려 주는 기후도, 사람 수를 살펴보는 인구분포도, 도로를 자세히 표시한 교통 지도, 여행지를 자세히 보여 주는 관광 지도 등이 모두 주제도랍니다.

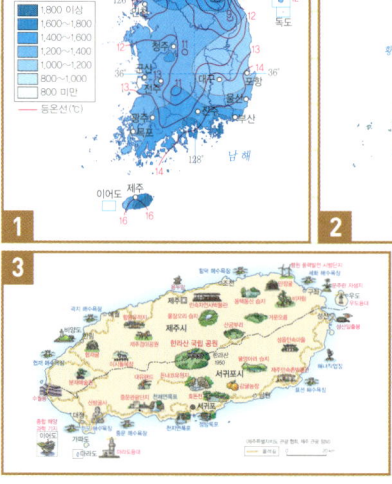

1. 기후도
2. 인구분포도
3. 관광 지도

지도와 컴퓨터가 만난 '지리 정보 체계'

땅 위에 있는 모든 건물과 도로는 조금씩 계속 바뀌어요. 건물이 새로 들어서기도 하고, 길이 만들어지기도 하니까요. 하지만 그때마다 지도를 새로 그리는 것은 힘들지요. 그래서 사람들은 어떻게 하면 시시때때로 바뀌는 땅 위의 모습을 편하게 지도 속에 담을 수 있을지 고민했어요. 그러다 컴퓨터 속에 지도를 넣는 방법을 생각해 냈지요.

컴퓨터에 지도 정보를 넣은 '지리 정보 체계'는 그렇게 탄생했어요. 지리 정보 체계를 이용한 가장 대표적인 것은 자동차에 달린 '내비게이션'이에요. 내비게이션은 인공위성이 보내온 자동차의 위치 정보를 받아서, 자동차의 현재 위치와 도착지까지의 여러 정보를 보여 주지요.

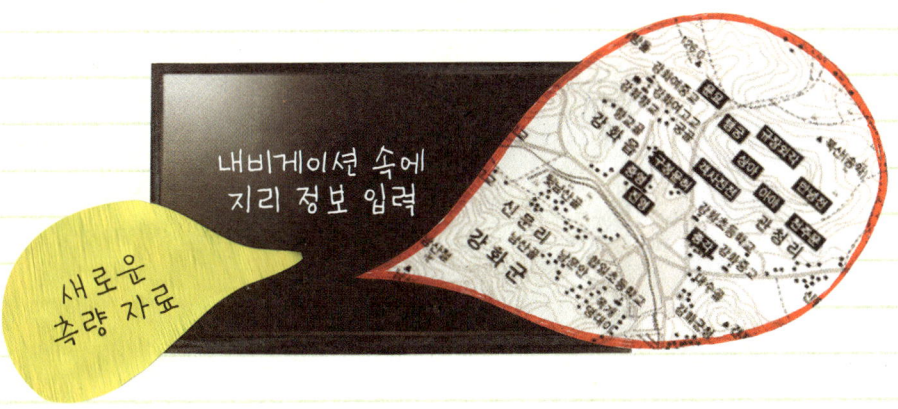

새로운 측량 자료 / 내비게이션 속에 지리 정보 입력

지도는 거짓말쟁이?

"그린란드가 오스트레일리아보다 커!"
"아니야. 오스트레일리아가 그린란드보다 훨씬 더 커."
벌써 1시간째 똑똑이와 고집이가 말다툼을 벌이고 있어요. 맨 처음에는 키 때문에 시작된 말다툼이었어요.

"내가 더 커."
"아니야. 나야."

키를 둘러싸고 벌어진 다툼은 금방 해결되었어요. 벽에 똑바로 기대어 키를 재 보니 언니인 똑똑이가 5센티미터 정도 더 컸어요.

그다음에는 발 크기를 가지고 다퉜어요. 발을 직접 대 보니, 언니인 똑똑이의 발이 더 컸어요.

그다음 시작된 것이 오스트레일리아와 그린란드의 크기예요. 키나 발 크기와는 달리 이번에는 어느 쪽이 더 큰지 알 수 없었어요.

"좋아. 그렇다면 내가 증거를 보여 주지."

갑자기 똑똑이가 증거를 가져오겠다며 쪼르르 달려 나갔어요. 잠시 후 다시 돌아온 똑똑이 손에는 세계 지도가 들려 있었어요. 똑똑이가 의기양양하게 세계 지도를 쫙 펴며 말했어요. 분명 지도에는 그린란드가 오스트레일리아보다 훨씬 크게 그려져 있었어요.

"내가 잘못 알았나?"

고집이는 갑자기 풀이 죽었어요.

"고집이 너! 고집 좀 그만 부리고, 지리 공부 좀 해."

똑똑이는 신이 나서 마구 잘난 척을 했어요. 바로 그때 엄마가 지나가며 물었어요.

"무슨 얘기 중이기에 지리 공부 얘기가 나오니?"

엄마의 말에 똑똑이가 큰 소리로 말했어요.

"고집이는 그린란드와 오스트레일리아 중에 어디가 큰지도 모른대요."

"그래? 똑똑이는 알고 있고?"

"그럼요. 당연히 그린란드가 더 크지요."

"응? 그린란드가 더 크다고?"

엄마가 고개를 갸우뚱거렸어요. 똑똑이는 엄마도 모르는 걸 알고 있는 것 같아 어깨가 으쓱 올라갔어요. 그리고 너무나 친절하게 지도를 펴고, 손가락으로 그린란드와 오스트레일리아를 꼭꼭 짚으며 말했어요.

"보세요, 엄마. 여기가 그린란드, 저기가 오스트레일리아예요. 분명 그린란드가 더 크죠?"

"아하! 그래서 그린란드가 더 크다고 그랬구나!"

지도를 본 엄마가 손뼉을 치며 재미있다는 듯 말했어요.

"이 지도에서는 그렇게 보이지. 하지만 실제로는 오스트레일리아가 더 크단다. 지도는 지구의 땅을 똑같은 비율로 줄인 게 아니거든."

"엥?"

엄마의 설명에 똑똑이도, 고집이도 눈을 동그랗게 떴어요.

"둥근 지구를 종이 위에 나타내려면 판판하게 펴야겠지? 그러려면 똑같은 비율로 줄여서는 안 돼. 어떤 부분은 크게 줄여지고, 어떤 부분은 작게 줄일 수밖에 없어."

엄마의 말에 똑똑이는 지도에 실망하고 말았어요.

"에이, 완전 엉터리!"

"하지만 마구잡이로 줄여 놓은 건 아니란다. 우리가 보는 이 지도는 적도에서 북극과 남극 쪽으로 갈수록 옆으로 더 넓게 퍼진 모양이야."

엄마의 설명에 고집이가 눈을 동그랗게 뜨고 말했어요.

"그럼 이 지도에서 그린란드가 더 커 보이는 이유는 북극과 가까운 곳에 있기 때문에 옆으로 퍼져서 그런 거예요?"

"그렇지. 오스트레일리아는 적도 가까이에 있으니까 덜 퍼지게 그린 거고."

엄마의 설명에 고집이는 어느새 기운이 나 똑똑이에게 크게 말했어요.

"언니, 내 말이 맞지? 그린란드보다 오스트레일리아가 더 커."

"알았어. 대체 왜 지도를 이렇게 만든 거야. 이건 내 잘못이 아니야. 지도가 거짓말한 거니까 지도 잘못이야."

투덜거리는 똑똑이의 말에 엄마도, 고집이도 웃고 말았어요.

왜 그럴까요?

어떻게 동그란 지구를 네모난 종이 위에 그릴까요?

지도를 그리는 방법을 '도법'이라고 해요. 도법에는 여러 종류가 있는데, 그중 우리가 흔히 보는 네모난 지도는 원통 도법으로 그린 거예요.

맨 먼저 지구 모형을 원통 속에 넣어요. 그다음 지구 모형에 그려진 대륙이 원통에 비치도록, 지구 모형 안에 전구를 달아 불을 밝혀요. 원통에 그림자가 비친 모양을 따라 땅과 바다를 그려 넣지요. 그림이 다 그려진 원통을 자르면 네모난 세계 지도가 완성돼요.

원통 도법으로 만든 지도는 우리가 보기 편하다는 장점이 있어요. 하지만 동그란 모양을 네모난 모양으로 만들다 보니 실제 땅의 비율과 달라지는 부분이 있어 주의해야 돼요. 적도 근처에 있는 땅에 비해, 북극과 남극으로 갈수록 땅이 늘어나 더 커져 있기 때문이에요.

보기 쉬운 세계 지도를 그린 메르카토르

네모난 세계 지도를 처음 그린 사람은 네덜란드의 지리학자 메르카토르예요. 그래서 원통 도법을 '메르카토르 도법'이라고 불러요.

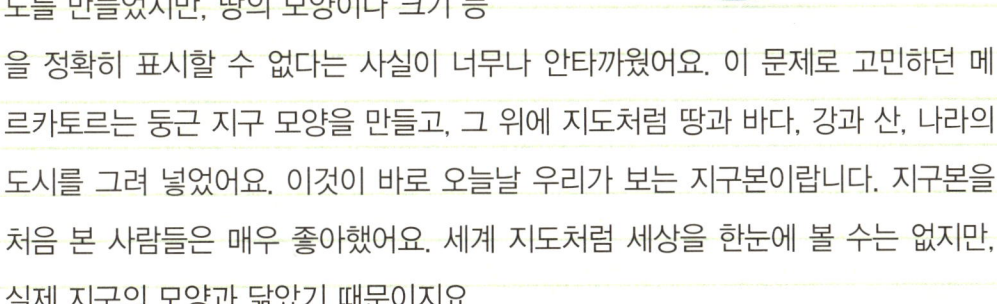

메르카토르는 원통 도법으로 세계 지도를 만들었지만, 땅의 모양이나 크기 등을 정확히 표시할 수 없다는 사실이 너무나 안타까웠어요. 이 문제로 고민하던 메르카토르는 둥근 지구 모양을 만들고, 그 위에 지도처럼 땅과 바다, 강과 산, 나라의 도시를 그려 넣었어요. 이것이 바로 오늘날 우리가 보는 지구본이랍니다. 지구본을 처음 본 사람들은 매우 좋아했어요. 세계 지도처럼 세상을 한눈에 볼 수는 없지만, 실제 지구의 모양과 닮았기 때문이지요.

9 몰디브는 몇 분단, 몇 째 줄?

오늘은 학교 공개 수업이 있는 날이에요. 지구는 새벽같이 일어나 엄마를 졸졸 쫓아다녔어요.

"엄마, 오늘 학교 오시는 거 잊지 않았죠?"

"그럼! 3학년 2반으로 가면 되지?"

"네. 제 자리는 3분단 둘째 줄이에요."

"그래, 알았어. 잘 찾아갈게."

지구는 학교에 갈 시간이 될 때까지 몇 번이고 같은 말을 되풀이했어요. 지구가 학교에 간 뒤, 엄마도 학교에 갈 준비를 서둘렀어요. 교실 앞에 도착해 보니 아이들이 모두 자리에 앉아 있었어요. 이 중 어디에 지구가 있는지 살피기 위해 이번에는 분단과

줄을 보았어요. 역시 3분단 둘째 줄에 지구가 앉아 있었어요. 엄마는 얼른 지구를 향해 손을 흔들었어요. 엄마를 발견한 지구가 반갑게 웃었어요.

드디어 공개 수업이 시작되었어요. 엄마는 다른 엄마들과 함께 교실 뒤에서 아이들이 공부하는 모습을 지켜보았어요. 이번 공개 수업의 주제는 '세계 지도 속 나라 찾기'였어요.

"지금부터 번호 순서대로 나와서 상자 속에 있는 쪽지를 꺼낼 거예요. 쪽지에는 나라 이름이 적혀 있어요. 그 나라를 칠판에 붙어 있는 세계 지도에서 찾아봅시다."

1번부터 나와 나라 찾기를 시작했어요. 우리나라도 나오고, 미국도 나오고, 오스트레일리아도 나왔어요. 드디어 지구의 차례가 되었어요. 지구가 뽑은 쪽지에는 '몰디브'란 글자가 적혀 있었어요.

'몰디브? 들어 보긴 했는데, 어디 있는 거지?'

지구는 당황했어요. 애써 아무렇지 않은 척 세계 지도 앞에 섰지만 대체 몰디브가 어디에 있는지 알 수 없었어요.

'어떡하지? 엄마가 보고 있으니 꼭 찾아야 하는데……'

바로 그때 선생님이 힌트를 주었어요.

"작은 나라라 찾기 힘들지? 힌트를 줄게. 몰디브는 동경 73도, 북위 3도쯤에 있어."

선생님이 준 힌트는 알쏭달쏭해요. 대체 동경과 북위로 어떻게 나라를 찾을 수 있다는 건지, 지구는 알 수 없었어요. 곤란한 상황에서는 늘 그러했듯이, 지구는 엄마를 바라보았어요. 엄마의 손에 들려 있는 태블릿 PC 화면에는 다음과 같은 문장이 빠르게 지나가고 있었어요.

경도의 동쪽에 있는 게 동경, 경도는 교실의 분단!
위도의 북쪽에 있는 게 북위, 위도는 줄!

지구는 엄마가 말한 '분단과 줄'의 뜻을 생각해 보았어요.

'분단은 세로줄, 줄은 가로줄이야. 세로와 가로가 만나는 곳이 자리지. 그렇다면?'

지구는 얼른 세로줄을 살펴보았어요. 지도 가운데에 경도 0도가 표시

되어 있었어요.

'이게 경도구나. 동쪽에 있는 경도가 동경이랬지?'

지구는 동쪽에 있는 세로줄에서 73도 부근을 찾아 선을 밑으로 쭉 그었어요. 이번에는 줄을 살필 차례예요. 적도를 중심으로 북쪽과 남쪽에 가로줄이 그어져 있어요.

'이것이 위도구나. 이 중 북쪽에 있는 위도가 북위였지?'

지구는 북쪽에 있는 가로줄에서 3도 부근을 찾아 선을 옆으로 쭉 그었어요.

"여기가 몰디브예요!"

"정답!"

지구는 매우 좋아 팔짝팔짝 뛰었어요. 선생님도, 엄마도 미소를 지으며 지구를 칭찬해 주었답니다.

경도와 위도는 어떤 모양일까요?

지구의 정보가 자세하게 나와 있는 세계 지도를 살펴보면, 지도 위에 가로줄과 세로줄이 일정한 간격으로 그어져 있는 것을 볼 수 있어요. 그중 가로줄이 '위도', 세로줄이 '경도'예요. 위도와 경도는 실제로 존재하지 않기 때문에 눈으로 볼 순 없어요. 드넓은 지구에서 곳곳의 위치를 숫자로 표시하기 위해 사람들이 가상으로 만든 줄이기 때문이지요.

지구를 가로로 나누는 위도는 훌라후프처럼 생겼어요. 위도는 경도와 다르게 길이가 다 달라요. 위도의 중간인 '적도'는 위도 중에 가장 길이가 길고, 위아래로 갈수록 점점 줄어들지요. 지구를 세로로 나누는 경도는 수박의 줄무늬처럼 생겼어요. 경도의 길이는 모두 같지요.

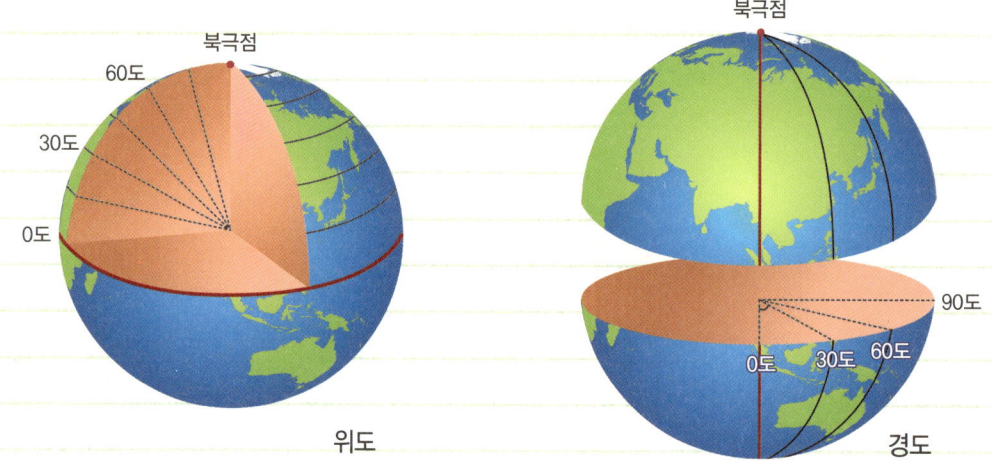

위도 / 경도

세계 지도에서 우리나라 찾기

세계 지도에서 우리나라를 찾아볼까요?

먼저 경도를 찾아요. 우리나라는 동경 127도쯤에 있어요. 영국의 그리니치 천문대가 있는 경도 0도를 기준으로 동쪽으로 127도를 찾아 쭉 내려가요.

그다음 위도를 찾아요. 우리나라는 북위 37도쯤에 있어요. 적도를 기준으로 북쪽으로 37도를 찾아요. 그곳에 우리나라가 있답니다.

쌩쌩돌이의 착각

쌩쌩돌이가 방에서 시험공부를 하고 있었어요. 시험이 바로 내일인데, 공부를 하나도 안 해서 걱정이 많았지요.

"딱 하루만 시간이 더 있으면 좋겠다."

쌩쌩돌이는 한숨이 절로 나왔어요. 바로 그때, 교과서에 적혀 있는 몇 줄의 글이 쌩쌩돌이의 눈을 확 사로잡았어요.

경도 15도마다 1시간씩
차이가 난다.
즉, 동경 15도가 오후 1시일 때,
동경 30도는 오후 2시다.

'이럴 수가! 경도 15도마다 1시

간씩 차이가 난다고? 그럼 360도인 지구를 시계 방향으로 1바퀴 돌면 24시간이 늦어지니까 하루 전날로 돌아가겠네.'

갑자기 쌩쌩돌이의 심장이 콩닥콩닥 뛰었어요. 지금까지 다른 사람에게 말한 적은 없지만, 쌩쌩돌이는 빛처럼 빠르게 달리는 능력을 가지고 있거든요. 쌩쌩돌이는 제대로 능력을 발휘할 기회를 잡은 것 같았어요.

"좋아. 지금부터 지구를 서쪽으로 1바퀴 도는 거야. 그럼 하루 전이 되어 있겠지? 히히!"

쌩쌩돌이는 신이 나 바깥으로 나갔어요. 그리고 준비 운동을 한 후, 빛의 빠르기로 지구를 1바퀴 돌았어요. 도는 동안 슬쩍슬쩍 각 나라의 시간도 살폈어요. 9시, 8시, 7시, 정말 경도 15도마다 1시간씩 시간이 늦었어요. 드디어 쌩쌩돌이가 지구를 1바퀴 다 돌았어요. 걸린 시간은 겨우 1초예요. 1초로 하루를 번 거예요.

방으로 돌아온 쌩쌩돌이는 너무 피곤한 나머지, 공부는 내일 하기로 하고 잠자리에 들었어요.

다음 날 쌩쌩돌이는 가벼운 발걸음으로 학교에 갔어요. 그때까지만 해도 쌩쌩돌이는 하루 전으로 되돌아갔다고 생각했어요. 그런데 이게 무슨 일일까요?

"너 공부 많이 했니? 오늘 시험 어렵다던데……."

"잠만 잤어. 너는 공부 많이 했니?"

친구들이 모두 시험 이야기를 하고 있었어요. 쌩쌩돌이는 깜짝 놀라 벌떡 일어나서 친구의 팔을 잡고 물었어요.

"오늘 시험이라고? 그게 무슨 말이야? 시험은 내일 아니야?"

"뭐? 너 어디 갔다 왔니? 오늘이 시험 보는 날이잖아."

친구는 쌩쌩돌이를 이상하다는 듯이 쳐다보았어요.

'이게 무슨 일이지? 아직 꿈을 꾸고 있나? 그래, 꿈일 거야. 내가 어제

지구를 도느라 힘을 너무 많이 쓴 탓이야. 얼른 꿈에서 깨어나야지.'

쌩쌩돌이는 손으로 자기 얼굴을 찰싹찰싹 때렸어요. 바로 그때 선생님이 시험지를 안고 교실로 들어왔어요. 아이들은 재빨리 자리로 돌아가 앉았어요. 선생님이 멀뚱히 서 있는 쌩쌩돌이를 불렀어요.

"쌩쌩돌이! 어서 자리에 앉아."

정신을 차린 쌩쌩돌이도 자리에 앉았어요. 드디어 시험이 시작되었어요. 하지만 쌩쌩돌이는 시험 문제가 눈에 들어오지 않았어요.

'경도 15도마다 1시간씩 차이가 나. 지구 1바퀴를 다 돌면 360도. 24시간 전으로 돌아가 하루 차이가 생기는 게 맞잖아. 그런데 왜 시험날이 된 거지?'

생각하면 생각할수록 이상했어요. 대체 왜 이런 일이 일어난 걸까요?

왜 그럴까요?

쌩쌩돌이가 몰랐던 날짜 변경선의 비밀

쌩쌩돌이는 1초 만에 지구를 1바퀴 돌았어요. 쌩쌩돌이의 생각대로라면 지구를 시계 방향으로 돌았을 때 경도 15도마다 1시간씩 늦으니까 지구 1바퀴를 돌면 24시간, 즉 하루 전으로 돌아갔어야 해요. 하지만 날짜는 변하지 않았지요. 대체 왜 이런 일이 일어난 걸까요? 그건 바로 쌩쌩돌이가 날짜 변경선을 몰랐기 때문이에요.

세계 지도에서 경도 180도 부근을 살펴보면, 꾸불꾸불 그려진 세로줄이 보여요. 이 선이 바로 날짜 변경선이에요. 날짜 변경선을 기준으로 서쪽으로 가면 하루를 더하고, 동쪽으로 가면 하루를 빼게 되지요.

예를 들어, 날짜 변경선을 기준으로 바로 동쪽 지역이 월요일 낮 12시일 때, 서쪽 지역은 화요일 아침 11시예요. 시간만 놓고 봤을 때는 서쪽 시간이 동쪽 시간보다 1시간 느리지만, 날짜는 하루 더 많지요.

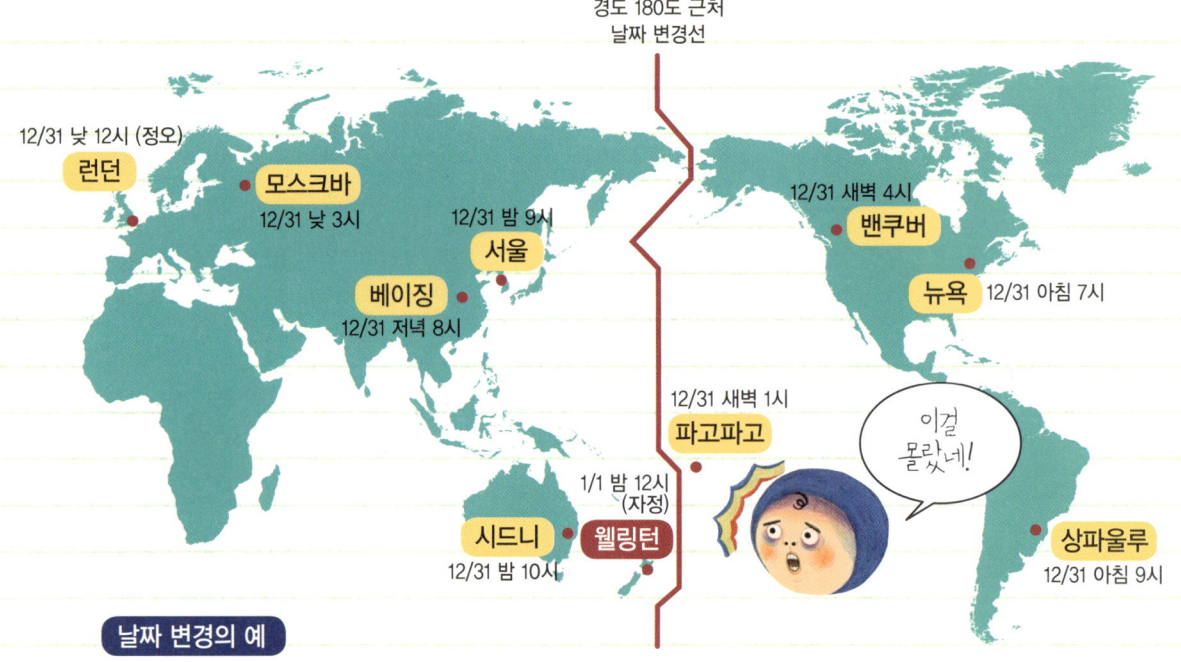

날짜 변경의 예

나라의 기준 시간 '표준시'

지구는 자전축을 중심으로 하루에 1바퀴를 도는 '자전'을 해요. 지구가 자전을 하는 동안 우리가 있는 지역이 태양과 마주할 땐 낮이 되고, 더 돌아 태양이 안 보이게 되면 밤이 되는 것이지요.

사람들은 낮과 밤이 반복되는 하루 속에서 서로의 시간을 맞추기 위해 하루를 24시간으로 나누기로 했어요. 경도 15도마다 1시간씩 차이를 두는 거지요. 각 나라는 땅을 지나는 경도 중 하나를 기준으로 잡아 시간을 정했어요. 이렇게 나라마다 정한 기준 시간을 '표준시'라고 해요. 영국은 경도 0도의 시간을 표준시로 삼고 있고, 우리나라는 경도 135도의 시간을 표준시로 삼고 있지요.

어떤 나라는 땅이 여러 경도에 걸쳐 있어서 여러 시간대를 가지고 있기도 해요. 미국의 경우, 동쪽과 서쪽의 시간이 무려 3시간이나 차이가 난답니다.

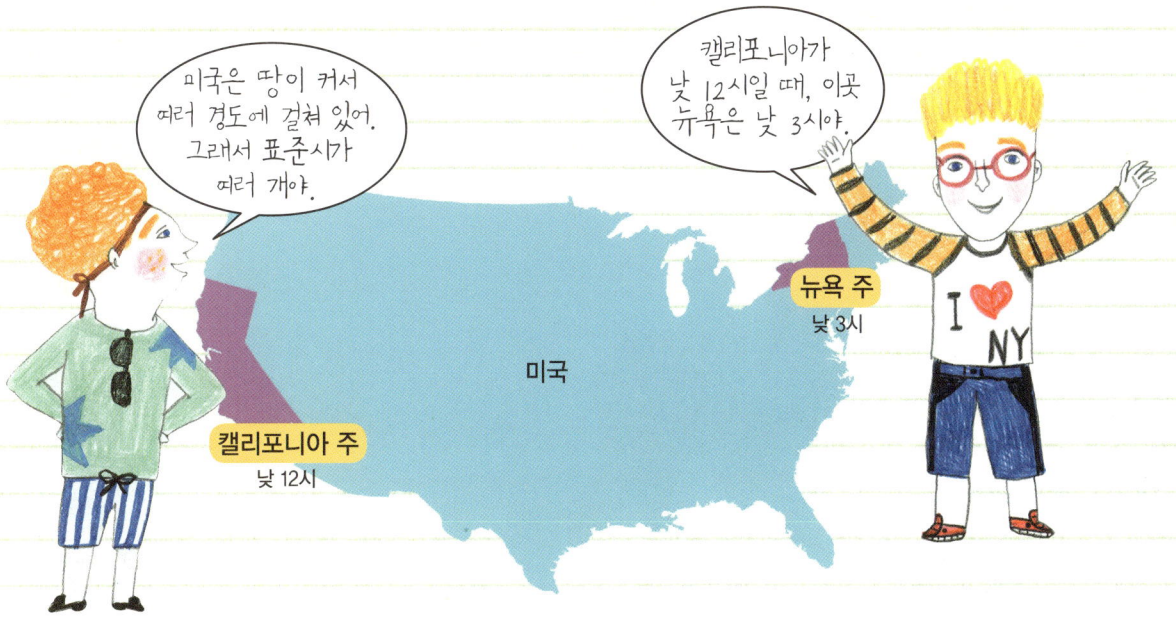

한반도는 호랑이

우리나라가 일본에 강제로 점령당했던 때의 일이에요. 골목에서 뛰놀던 일본 아이들이 지나가는 진희에게 시비를 걸었어요.

"야, 너! 조선 땅이 무슨 모양인지 알아?"

"토끼야, 토끼. 사나운 동물이 나타나면 얼른 숨는 토끼."

"토끼는 약하니까 우리 일본의 보호를 받아야 해."

"맞아. 우리에게 고마워해야 한다고. 그러니까 돈 좀 내놔 봐."

진희는 갖고 있던 돈을 모두 빼앗긴 채 집으로 돌아왔어요.

'우리 땅이 토끼 모양이 아니었다면 일본의 지배를 받지 않았을 텐데……'

진희는 마치 땅 모양 때문에 우리가 일본의 지배를 받게 된 것 같아 억울했어요. 집으로 돌아와 밥도 먹지 않고 이불을 뒤

집어쓴 채 펑펑 우는 진희를 본 엄마가 달래며 물었어요.

"무슨 일 있었니? 엄마에게 말해 봐."

진희는 울먹이며 오늘 있었던 일을 이야기했어요. 진희의 이야기를 다 들은 엄마는 한숨을 푹 내쉬었어요.

"그렇구나. 그런 일이 있었구나."

"엄마, 대체 왜 우리 땅은 토끼 모양인 거예요? 용맹한 짐승을 닮았다면, 우리 땅을 일본에 빼앗기지 않아도 되었을 거 아니에요."

엄마는 품에서 진희를 떼어 놓으며 말했어요.

"그런 생각은 하면 안 돼! 우리 땅이 진짜 토끼 모양이었다고 해도, 저들이 우리 땅을 빼앗아 다스리는 건 잘못된 일이야. 하지만 저들은 바로 너처럼 '우리 땅은 토끼 모양이니까 일본이 우리 땅을 다스리는 게 당연해.'라고 생각하도록 그런 말을 하는 거란다."

엄마의 말에 진희는 고개를 좌우로 흔들며 말했어요.

"그래도 기분 나빠요. 어쨌거나 토끼를 닮아서 일본 사람들에게 이런 말을 듣는 거잖아요."

"그렇지 않아. 사실 우리 땅은 토끼보다 호랑이를 더 닮았단다."
"호랑이요? 숲 속에서 가장 용맹한 호랑이 말이에요?"
"물론이지. 옛날 그림을 보면 우리 땅을 호랑이 모양으로 그려 놓은 것이 아주 많아."
"정말요?"
엄마의 말에 진희는 눈을 동그랗게 뜨고 되물었어요.
"그게 어디 있더라?"
엄마는 책장에서 지도 하나를 찾아냈어요.
"자, 보렴. 일본이 우리 땅을 토끼 닮았다고 주장하자 화가 잔뜩 난 최남선 선생님이 그린 호랑이 모양 지도야. 어때? 토끼보다 훨씬 우리 땅 모양에 가깝지 않니?"
진희는 엄마가 펼쳐 놓은 호랑이 모양 지도를 자세히 살펴보았어요. 지도 속 호랑이는 당장에라도 저 드넓은 만주 벌판을 향해 달려 나갈 모습이었어요.

"와! 이게 우리나라 지도란 말이죠?"
"왜? 토끼 모양에 더 가까운 거 같니?"

"아니요."

진희는 호랑이 모양 지도가 참 마음에 들었어요. 그리고 일본 아이들에게 보란 듯 자랑하고 싶었어요. 그리고 꼭 하고 싶은 말도 생겼어요.

"봐! 우리 땅은 토끼가 아니라 호랑이를 닮았어. 그래도 우린 토끼를 닮은 나라든, 사슴을 닮은 나라든, 다른 나라를 마음대로 빼앗아 다스리지는 않을 거야. 멋진 호랑이니까."

왜 우리 땅을 한반도라 부르나요?

흔히 우리나라 땅을 '한반도'라고 불러요. '반도'는 바다 쪽으로 삐죽 나와 있는 모양이에요. 세계 지도에서 우리나라를 찾으면 바다 쪽으로 삐죽 튀어나와 있는 걸 볼 수 있어요. 이탈리아 반도와 아라비아 반도도 튀어나와 있지요. 그중 우리나라가 있는 반도는 우리나라의 중심이 되는 민족인 한민족이 살고 있어 '한반도'라고 불러요.

반도와 반대로, 육지 쪽으로 쏙 들어간 땅도 있어요. 이런 땅은 '만'이라고 불러요. 페르시아 만, 아덴 만 등이 있지요.

한반도 안에서도 많은 반도와 만이 있어요. 대표적인 예로 순천만, 영일만, 울산만과 변산반도, 태안반도, 여수반도 등이 있답니다.

한반도

이탈리아 반도

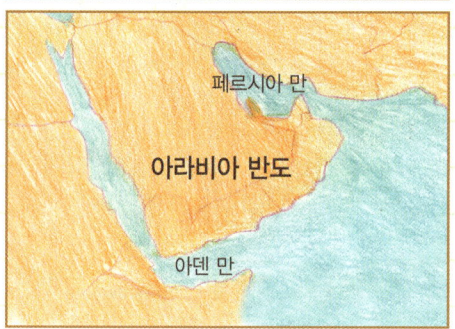

페르시아 만
아라비아 반도
아덴 만

우리 땅의 크기

많은 사람이 우리나라의 땅이 굉장히 작다고 생각해요. 하지만 실제로 우리 땅은 그리 작은 편이 아니에요. 남한의 땅 넓이는 9만 9천 제곱킬로미터예요. 유럽에 있는 오스트리아와 비슷한 크기지요. 세계 220여 개 나라 중 109등 정도예요.

남북한의 땅을 모두 합치면 더 커요. 남북으로 1,100킬로미터나 되는 길쭉한 한반도와 3,962개의 크고 작은 섬을 합치면 우리 땅은 22만 1천 제곱킬로미터에 달해요. 유럽에 있는 영국과 비슷한 크기지요. 땅 크기를 등수로 매긴다면 세계 220여 개 나라 중 84등 정도 된답니다.

한반도는 영국과 비슷한 크기!

투덜이 백두 산신령

오늘은 한반도의 산신령들이 회의하는 날이에요. 백두 산신령이 오랜만에 긴 잠에서 깨어났어요.

"하아! 잘 잤다."

백두 산신령은 기지개를 켠 뒤, 구름을 잡아타고 모임 장소인 한라산으로 날아갔어요. 벌써 한라산은 한반도 이곳저곳에서 날아온 산신령들로 북적였어요. 그 모습을 보자마자 백두 산신령은 머리가 지끈거리는 것 같았어요. 백두 산신령은 한라산을 돌며 한적한 곳을 찾아 내려왔어요. 하지만 그곳에도 새로 도착한 산신령들이 하나둘 내려와 복잡해졌어요.

"에이, 왜 이렇게 산신령이 많은 거야."

백두 산신령은 짜증이 났어요. 그러자 기다렸다는 듯 한라 산신령이 나타나 따지듯 말했어요.

"아직 반도 안 왔는데, 벌써 그러나? 한반도 땅의 70퍼센트가 산이니까 당연히 산신령도 많을 수밖에!"

한라 산신령의 핀잔에 백두 산신령은 기분이 더 안 좋아졌어요. 백두 산신령은 저도 모르게 입술을 쭉 내밀었어요.

"쯧쯧, 자네 삐친 건가? 나잇값을 해야지, 나잇값을! 우리가 몇 살인가? 30억 살이 넘지 않았나? 더구나 한반도에서 가장 높고, 큰 산을 지키는 산신령 아닌가?"

기분은 나쁘지만 모두 맞는 이야기였어요. 백두 산신령은 머리를 긁적이며 말했어요.

"삐치긴 누가 삐쳤다고 그래? 피곤해서 그런 거지. 생각해 보게. 이곳에 모인 산신령 중 내가 가장 먼 곳에서 오지 않았나?"

핑계를 늘어놓는 백두 산신령을 보고, 한라 산신령은 할 말을 잃었어요. 그사이 산신령들이 모두 모였어요.

"자, 모두 모였으니 자신의 한반도 속 위치에 맞게 앉아 보시오!"

"그냥 대충하지?"

"안 돼. 이렇게 뒤죽박죽 섞여 있으면 누가 누군지 알 수가 없네."

한라 산신령의 말에 다른 산신령들도 모두 고개를 끄덕였어요. 결국 백두 산신령은 다른 산신령에게 떠밀려 한라산 꼭대기로

올라갈 수밖에 없었어요.

"왜 하필 백두산은 가장 북쪽에 있는 거야? 제일 많이 걸어야 하잖아. 이럴 줄 알았으면 아까 산꼭대기에 내리는 건데……."

백두 산신령은 한라산의 꼭대기인 백록담에 도착해, 피곤한 발을 주무르며 투덜거렸어요. 아래를 내려다보니 산신령들이 줄지어 서 있었어요. 백두 산신령으로부터 시작된 줄은 동쪽으로 치우쳐진 채로 저 남쪽 지리 산신령까지 길게 이어졌어요. 평지에 뚝 떨어져 있는 한라 산신령의 모습은 잘 보이지도 않았어요.

한라 산신령은 위를 올려다보며 흐뭇한 미소를 지었어요. 이제야 회의 분위기가 제대로 잡힌 것 같았어요. 한라 산신령은 손뼉을 치며 말했어요.

"자! 이제 회의를 시작합시다."

하지만 백두 산신령이 있는 곳까지 그 소리가 전해지지 않았어요.

"뭐라고?"

백두 산신령이 소리를 질렀어요. 그 소리도 한라 산신령이 있는 곳까지 전해지지 않았어요. 이래서는 정말 회의를 하기 어려울 것 같았어요.

"서로 너무 멀어서 대화가 어려우니 어쩔 수 없군요. 모두 다시 밑으로 내려와 주세요."

한라 산신령은 앞자리에 앉아 있는 산신령들에게 이 말을 맨 뒤까지 전달해 달라고 했어요. 한라 산신령의 말을 전해 들은 백두 산신령은 화가 났어요.

"그러게 내가 아까 뭐라고 했나? 힘들게 올라왔더니 다시 내려오라고? 더는 못 참아. 회의하려거든 백두산으로 와!"

백두 산신령은 뒤도 돌아보지 않고, 구름을 잡아타고 백두산으로 돌아갔어요. 그렇게 오랜만에 열린 산신령 회의는 백두 산신령이 삐치는 바람에 시작도 못 하고 끝나게 되었답니다.

우리 땅은 왜 동쪽이 서쪽보다 높을까요?

인천에서 강릉까지 우리 땅을 가로로 자른 뒤 단면을 살펴보면 다음과 같아요.

중부 지방 단면도

그림에서 보듯이 서쪽에서 동쪽으로 갈수록 점점 높아지는 모양이에요. 높은 산이 동쪽에 모여 있는 것이지요. 이야기 속에서 백두 산신령부터 지리 산신령으로 이어지는 줄이 동쪽으로 치우쳤던 이유도 이 때문이에요.

그럼 우리 땅은 왜 동쪽으로 갈수록 높아지는 걸까요? 그건 우리 땅이 동쪽으로 들려 올라갔기 때문이에요. 지렛대로 판자 한쪽을 올려 보세요. 한쪽으로 치우쳐 들면 모두 고르게 올라가지 않아요. 우리 땅도 이 원리와 같은 현상이 일어난 거예요. 신생대 제3기 때 우리 땅을 다른 땅이 파고들며, 위로 들어 올렸어요. 이때 쭉 동쪽으로 치우쳐 솟아올라 지금처럼 동쪽이 높은 모양이 된 것이지요. 그래서 우리 땅 모양을 '동고서저(東高西低, 동녘 **동** 높을 **고** 서녘 **서** 낮을 **저**)'라 불러요. 동쪽이 높고, 서쪽이 낮다는 뜻이랍니다.

우리 땅은 30억 살

땅은 언제 만들어졌을까요? 지구가 만들어진 것은 지금으로부터 약 46억 년 전이에요. 그때 지구는 폭발하는 화산처럼 뜨겁고 말랑한 덩어리였어요. 그러다 시간이 지나면서 점점 식었지요. 땅이 만들어졌고, 바다가 생겼어요.

우리 땅은 맨 처음 땅이 생겼을 무렵에 만들어졌어요. 우리 땅속에 있는 바위의 나이는 약 30억 살, 즉 우리 땅이 약 30억 년 전에 만들어졌다는 것이지요. 우리 땅보다 나중에 만들어진 일본 땅은 땅속 바위의 나이가 약 5억 살 정도예요.

땅의 나이에 따라 산의 높이와 봉우리 모양도 달라요. 나이를 얼마 먹지 않은 땅은 산이 높고, 봉우리가 뾰족해요. 하지만 역사가 오래된 땅은 산이 낮고, 봉우리가 둥글어요. 긴 세월 동안 비바람에 땅이 깎여 나갔기 때문이랍니다.

오징어의 고향을 찾아서

모두가 잠든 깊은 밤의 일이에요. 잠을 자던 소연이는 부엌에서 들려오는 달가닥거리는 소리에 잠에서 깼어요. 소연이는 부엌으로 살금살금 걸어가 불을 켜고 살펴보았지만, 아무도 없었어요. 고개를 갸웃거리며 방으로 돌아가려는 순간, 식탁 위에 있는 냄비가 달가닥거리기 시작했어요.

"어머나!"

소연이는 너무 놀라 부엌 바닥에 주저앉고 말았어요. 그 순간 냄비 속에서 오징어가 쑥 고개를 내밀었어요.

"꼬마야, 여기가 어디니?"

"우, 우리 집이지."

소연이는 너무 당황해서 말까지 더듬었어요.

"뭘 그렇게 놀라? 아, 나처럼 잘생긴 오징어가 말하는 거 처음 봤지? 히히. 그건 그렇고, 날

바다에 데려다 줘."

"내가 왜?"

"내 고향 바다에 데려다 주면, 내가 네 소원 하나를 들어줄 거니까."

"정말? 좋아! 데려다 줄게."

소연이는 얼른 바다에 갈 준비를 했어요. 아이스박스에 오징어를 담고, 가방에 돈을 챙겨 서해로 가는 밤차를 탔어요. 꾸벅꾸벅 졸다 보니 금방 서해에 도착했어요. 버스에서 내린 소연이는 바닷가를 걷는 동안 어떤 소원을 빌지 고민했어요.

'어떤 소원을 빌까? 얼굴을 예쁘게 만들어 달라고 할까, 공부를 잘하게 해 달라고 할까? 아니면 멋진 남자 친구? 뭐가 좋을까?'

바다 앞에 도착해서 소연이는 아이스박스를 열었어요.

"자, 바다에 왔으니 이제 내 소원을 들어줘."

오징어는 머리를 쑥 내밀어 밖을 살펴봤어요. 넓은 갯벌이 펼쳐진 서해 풍경을 본 오징어는 고개를 살래살래 흔들었어요.

"아니야! 여긴 내 고향이 아니야."

"뭐? 네 소원대로 바다에 데려다 줬잖아!"

"내 고향에는 이렇게 넓은 갯벌이 없어. 빨리 다른 바다로 가."

오징어는 더 볼 필요도 없다는 듯 아이스박스 안으로 쏙 들어가 버렸어요. 하는 수 없이 소연이는 다른 바다를 찾아 버스를 타고 남쪽으로 내려갔어요. 남해에 도착한 소연이가 오징어에게 말했어요.

"이제 내 소원을 들어줘."

아이스박스를 열자, 오징어가 쑥 고개를 내밀어 주변을 살펴봤어요. 그러고는 고개를 또 살래살래 저었어요.

"아니야. 여기도 아니야. 여긴 섬이 아주 많잖아. 내 고향에는 섬이 이렇게 많지 않아. 빨리 다른 바다로 가."

오징어는 다시 아이스박스 안으로 들어갔어요. 소연이는 다리도 아프고, 힘이 들어서 더는 움직일 기운이 없었어요. 하지만 여기서 포기할 수는 없었어요. 다시 버스를 타고, 기차를 타고 달려 동해에 도착했어요.

"자, 여기 맞지?"

아이스박스를 열자, 오징어가 쑥 고개를 내밀어 주변을 살펴봤어요.

"맞아. 바로 여기야. 모래사장이 넓게 펼쳐져 있고, 해안선이 완만한 곳! 이곳이 내 고향이야."

오징어가 아이스박스 안에서 기어 나왔어요.

"아이고, 다리야. 어서 집에 갔으면 좋겠어."

지쳐 버린 소연이가 모래사장에 주저앉으며 말했어요. 그 순간 소연이의 말을 들은 오징어가 눈을 반짝이며 말했어요.

"그게 소원이구나? 데려다 줘서 고마워. 자, 그럼……."

"어, 그게 아니고……."

갑자기 하늘이 빙글빙글 돌더니 소연이는 잠이 들어 버렸어요. 잠에서 깨어 보니 어느새 집이었지요. 소연이는 너무 허탈해 눈물이 날 거 같았답니다.

왜 해안선 모양이 다를까요?

　우리나라 지도를 보면 동해, 서해, 남해는 서로 다른 모양의 해안선을 갖고 있어요. 서해와 남해 해안선은 울퉁불퉁하지요. 서해와 남해처럼 울퉁불퉁한 해안을 '리아스식 해안'이라고 불러요. 리아스식 해안은 항구를 만들기에 아주 좋아요. 육지로 쑥 들어간 곳에 항구를 만들면, 높은 파도가 들어오지 못해 배를 안전하게 댈 수 있거든요.

　동해는 다른 바다와 다르게 아주 단조로운 해안선을 갖고 있어요. 단조로운 해안선에는 항구를 만들기 쉽지 않아요. 높은 파도가 언제 들이칠지 모르기 때문에 바람이 세게 부는 날에는 조심해야 하지요.

　우리나라 해안선 모양이 이렇게 다른 까닭은 땅의 높낮이 때문이에요. 우리나라 땅은 동쪽이 높고, 서쪽이 낮아요. 땅이 낮으면 바닷물이 쉽게 드나들 수 있어서 해안선이 들쑥날쑥 복잡하지요. 반대로 땅이 높으면 바닷물이 쉽게 드나들 수 없어 해안선이 단조롭답니다.

한반도의 해안선

우리나라 바다의 크기

바다와 만나는 곳에 땅이 있는 나라는 그 나라만의 바다를 가져요. 그러한 바다를 '영해'라 하지요.

영해는 땅으로부터 12해리까지예요. 이는 전 세계가 약속하여 정한 것으로, 1해리는 1.8킬로미터예요. 우리 영해에는 다른 나라 배가 마음대로 드나들 수도 없고, 물고기를 잡을 수도 없어요.

우리나라 땅에서 200해리까지는 '배타적 경제 수역'이에요. 이곳에서 우리는 마음대로 물고기를 잡을 수 있어요. 다른 나라 배는 지나갈 수는 있지만, 물고기를 마음대로 잡을 수는 없어요. 배타적 경제 수역은 다른 나라와 겹치기도 하는데, 겹치는 곳에서는 함께 물고기를 잡는답니다.

사라진 계절을 찾아라!

    4월이 되고 봄이 왔어요. 얼었던 땅이 녹고, 새싹이 파릇파릇 돋았어요. 모두가 새봄을 기쁘게 맞이했어요. 단 한 명, 방정이만 빼고요. 방정이는 한 해 농사가 시작되는 봄을 제일 싫어해요. 해야 할 일이 많기 때문이에요. 하지만 엄마와 아빠는 농사철이 돌아왔다며 좋아했어요.

    "주말에 못자리를 만들어야 하니, 방정이 네가 좀 도와주렴."

    방정이는 혼자 방으로 들어와 투덜거렸어요.

    "어휴, 농사일 없는 겨울만 계속되면 참 좋겠다."

    다음 날 아침, 잠에서 깬 방정이는 창문을 열어 보고 깜짝 놀랐어요. 차가운 바람이 쌩쌩 불었기 때문이에요. 눈이 펑펑 내리고, 길도 꽁꽁 얼었어요. 다음 날도, 그다음 날도 겨울 날씨가 이어졌어요. 엄마, 아빠는 걱정스러운 목소리로 말했어요.

"아무래도 주말에 못자리 만들기는 힘들겠죠?"

"그렇군. 방정이 맛있는 것도 만들어 주고, 옷도 사 주려면 올해 농사가 잘되어야 하는데 큰일이야."

방정이는 혼자 방으로 들어와 또 투덜거렸어요.

"못된 날씨. 봄이면 봄다워야지. 이게 뭐야?"

그때 어디선가 요정이 나타났어요.

"정말 엄청나게 투덜거리네. 대체 뭐가 불만이야?"

"분명 봄이 왔었는데, 이상하게 겨울이 다시 시작된 거 같아."

"봄? 그거 네가 없애 달라고 해서 내가 없앴는데?"

요정의 말에 방정이는 깜짝 놀랐어요.

"내가 언제?"

"며칠 전에 그랬잖아. 겨울만 계속되면 좋겠다고."

그 말에 방정이의 얼굴이 하얗게 질렸어요. 엄마와 아빠가 이 사실을 알면, 정말 큰일 날 거예요. 방정이는 계절을 되돌려 달라고 요정에게 간절히 부탁했어요.

"내 힘으로는 안 돼. 그 대신 내가 너를 계절이 시작되는 곳에 데려다 줄게. 그곳에 있는 바람에게 부탁해 봐."

요정은 방정이를 데리고 가장 먼저 북서쪽 시베리아에 갔어요. 그곳에는 차갑고, 메마른 바람 아저씨가 살고 있었어요. 아저씨를 보니 왜 우리나라 겨울 날씨가 차갑고 메마른지 알 것 같았어요. 방정이는 바람 아저씨에게 정중히 부탁했어요.

"봄이 올 수 있게 이제 당분간 우리나라에 오지 말아 주세요."

"나도 계속 멀리까지 가느라 힘들었는데, 잘됐네!"

시베리아 바람은 흔쾌히 방정이의 부탁을 들어주었어요. 두 번째 찾은 곳은 서쪽 양쯔 강이에요. 양쯔 강에는 따뜻한 바람 아가씨가 살고 있었어요. 우리나라 봄가을 날씨 같았어요. 바람 아가씨는 방정이를 보자마자 입을 실룩이며 말했어요.

"내가 필요 없다고 말한 게 너라고? 그래, 나 없이 시베리아 바람만 맞으며 사니까 좋니?"

"아니요. 그래서 이곳 양쯔 강까지 찾아왔잖아요. 다시 와 주시면 안 돼요?"

방정이는 살살거리며 힘들게 바람 아가씨를 달랬어요.

"좋아. 봄을 데려갈게. 늦었으니 어서 불어야겠다. 나를 기다리는 사람이 아주 많을 거야."

이번에는 양쯔 강을 떠나 먼 남쪽 북태평양으로 갔어요. 드넓은 바다 위에 무덥고, 습기 많은 바람 아줌마가 있었어요. 바람 아줌마를 보니, 왜 우리나라의 여름이 무덥고, 습기가 많은지 알 것 같았어요.

"혹시 아줌마가 여름에 우리나라로 오는 걸 잊었을까 봐 찾아왔어요."

"뭐? 오지 말라고 해서 안 가려고 했는데?"

"아니에요! 꼭 여름에 오셔야 해요."

방정이는 바람 아줌마에게 여름에 꼭 우리나라로 오겠다는 약속을 받았어요. 이제 사계절을 모두 찾았어요. 요정은 방정이를 집에 데려다 주었어요.

다음 날 아침, 눈을 뜨니 다시 새봄이었어요. 엄마와 아빠, 방정이는 서둘러 못자리 만들 준비를 했어요. 봄바람이 살랑살랑 불고 있으니까요.

왜 그럴까요?

계절마다 바뀌는 바람 '기단'

지구는 약간 기울어진 채로 태양 주위를 돌아요. 그래서 우리나라처럼 적도와 극지방 중간에 있는 나라는 햇빛을 받는 양이 달라 여러 계절이 생겨요. 하지만 똑같이 적도와 극지방 중간에 있는 나라라도 조금씩 계절의 모습이 달라요.

계절마다 기온이 변하고, 공기 중에 있는 물기의 양이 달라지는 이유 중 하나는 '기단' 때문이에요. 기단은 넓은 지역에 걸쳐 같은 성질을 지닌 공기 덩어리를 뜻하지요.

우리나라의 봄가을에는 양쯔 강으로부터 따뜻한 바람이 불고, 맑은 날씨가 이어져요. 바로 '양쯔 강 기단' 때문이지요.

여름이면 북태평양에서 뜨겁고 습한 바람이 불어와요. 바다 위를 지나오면서 공기 중에 물기를 가득 머금고 오기 때문이지요. 이를 '북태평양 기단'이라고 해요.

겨울에는 먼 시베리아에서 차갑고, 건조한 바람이 불어와요. 그래서 우리나라의 겨울 날씨가 차갑고, 건조하지요. 이를 '시베리아 기단'이라고 한답니다.

겨울에 부는 시베리아 바람은 매우 차갑지.

조상들의 일기 예보 '속담'

옛날 우리 조상들은 농사를 짓고 살았어요. 농사를 잘 지으려면 날씨를 잘 알아야 해요. 날씨에 따라 한 해 농사와 먹고사는 일이 결정됐기 때문이에요. 그래서 사람들은 구름이나 별, 동식물의 여러 가지 모습을 관찰하여 날씨를 짐작했어요. 이때 만들어진 날씨와 관련된 속담들은 지금까지도 전해지고 있지요. 즉, 속담은 경험에서 우러나온 일기 예보랍니다.

- **봄비는 쌀 비다** | 봄에는 비가 별로 오지 않아요. 그래서 봄비가 내리면 농부들은 '쌀 비'라고 부르며 반가워했어요. 비가 와야 뿌린 씨앗이 싹을 틔우고, 모내기할 수 있으니까요.

- **봄 추위가 장독 깬다** | 이른 봄에는 가끔 겨울처럼 춥거나 눈이 내리기도 해요. 이렇게 갑자기 찾아온 추위 때문에 봄볕에 내놓은 장독이 깨질 수 있으니 조심해야 했답니다.

- **처서가 지나면 모기 입이 비뚤어진다** | 처서는 8월 23일경이에요. 아침저녁으로 찬바람이 불고, 날씨도 선선해져서 모기가 서서히 없어진다는 뜻이지요.

- **가을 안개에 풍년 든다** | 가을에 곡식과 열매가 잘 익으려면 햇빛을 많이 받아야 해요. 안개는 날씨가 맑은 날 아침에 잘 끼지요. 그래서 안개가 끼면 날씨가 맑아서 곡식이 잘 익을 것이라고 생각했어요.

- **눈 많이 오는 해는 풍년이 든다** | 겨울에 눈이 많이 오면 눈 녹은 물이 땅에 스며들어요. 이듬해 봄에 메마른 날씨가 계속되어도 땅속에 물이 많으면 식물이 잘 자라지요. 그래서 눈이 많이 오면 농부들은 풍년이 들 거라고 좋아했어요.

돼지 삼 형제의 집

돼지네 집은 산과 강을 끼고 있어요. 높은 산은 겨울철 차가운 바람을 막아 주고, 넓은 강은 여름철 시원한 바람을 데려오지요. 돼지 삼 형제는 일 년 내내 집에서 행복하고, 편하게 살았어요.

그러던 어느 날, 엄마 돼지가 엄청난 발표를 했어요.

"이제 너희도 다 컸으니 독립하렴. 이 집을 떠나거라."

돼지 삼 형제는 아늑하고 포근한 집에서 하루아침에 쫓겨났어요. 돼지 삼 형제는 꿀꿀거리며 살 곳을 찾아 먼 길을 떠났어요. 맨 처음 도착한 곳은 따뜻한 남부 지방이었어요.

"여기가 좋을 것 같은데, 너희 생각은 어때?"

첫째 돼지가 말했어요. 둘째와 셋째 돼지도 좋다고 고개를 끄덕였어요. 돼지 삼 형제는 곧바로 남부 지방에 집을 지었어요. 마을 곳곳에 흔하게 널려 있는 볏짚으로 지붕을 엮어 초가집을 지었어요.

"다 됐다."

집을 다 지은 돼지 삼 형제는 너무나 피곤했어요. 그래서 집으로 들어가 낮잠을 자기로 했어요. 그런데 너무 더워 잠을 잘 수가 없었어요.

"아이고, 더워! 아무래도 집을 다시 지어야겠어. 바람이 잘 통하게 말이야."

돼지 삼 형제는 다시 집을 지었어요. 바람이 잘 통하는 마루를 가운데 넣었어요. 마루에 올라가 누우니, 시원한 바람이 더위를 날려 주었어요.

그렇게 한동안 돼지 삼 형제는 행복하게 살았어요. 그러던 어느 날, 첫째 돼지가 둘째와 셋째 돼지를 불러 놓고 말했어요.

"여긴 셋이 살기에 너무 좁은 거 같아. 이 땅을 처음 발견한 사람은 나니까, 너희가 이사 갔으면 좋겠다."

둘째와 셋째 돼지는 하는 수 없이 첫째 돼지의 집을 떠나 다른 곳으

로 갔어요. 앞장서 길을 걷던 둘째 돼지가 중부 지방에 도착했을 때, 갑자기 발을 멈추었어요.

"셋째야, 여기 어때? 여름에는 좀 덥고, 겨울에는 좀 춥지만 그래도 살 만할 거 같아."

그렇게 해서 둘째와 셋째 돼지는 중부 지방에 집을 짓기 시작했어요. 둘째와 셋째 돼지는 첫째 돼지네 집과 똑같은 모양으로 집을 지었어요. 가운데 마루에 누우면 시원하게 바람이 불어와 한여름의 더위를 날려 주어 좋았어요. 하지만 겨울엔 찬바람이 고스란히 집 안으로 들어왔어요.

"너무 추워 못살겠다."

결국, 둘째와 셋째 돼지는 집을 다시 짓기로 했어요. 겨울 찬바람을 막을 수 있도록 집을 ㄱ자로 지었어요. 그러자 겨울에는 찬바람이 들지 않아 따뜻하고, 여름에는 마루로 바람이 잘 통해 시원했어요.

중부 지방 집에서 둘째와 셋째 돼지는 사이좋게 한 해를 났어요. 그러던 어느 날 둘째 돼지가 말했어요.

"난 형이 우리더러 나가라고 했을 때, 굉장히 서운했어. 하지만 지금은 그 마음을 알 거 같아. 이 집은 다 큰 형제가 함께 살기엔 너무 좁아."

결국, 셋째 돼지는 집을 떠나 북쪽으로 올라갔어요. 그리고 북부 지방에 둘째 돼지네 집과 똑같은 모양의 집을 짓기 시작했어요. 그런데 이상한 일이에요. ㄱ자 모양도 이곳의 찬 겨울바람을 막아 주지 못했어요. 더구나 마루는 아무짝에도 쓸모없었어요.

　셋째 돼지는 고민 끝에 집을 허물고 다시 지었어요. 바람이 잘 통하는 마루는 아예 없애고, 부엌도 바깥에 두지 않고 집 안에 두었어요. 부엌 옆에는 집안일을 할 수 있는 거실 같은 공간을 만들어 놓았어요. 새롭게 지은 집은 추운 겨울바람을 잘 막아 주었기 때문에, 셋째 돼지는 따뜻한 겨울을 날 수 있었어요.

　그렇게 집을 떠난 돼지 삼 형제는 남부, 중부, 북부 지방에 흩어져 각 지리 조건에 알맞은 집을 짓고 행복하게 살았답니다.

옛날 사람들은 왜 초가집을 지었을까요?

　지금은 대부분의 나라가 시멘트와 철, 나무 등 비슷한 재료로 집을 지어요. 하지만 건축 재료가 귀했던 옛날에는 가장 쉽게 구할 수 있는 재료를 사용해 집을 지었어요. 특히 우리나라에서는 벼농사를 많이 지었기 때문에 볏짚을 쉽게 구할 수 있었어요. 그래서 볏짚으로 지붕을 엮어 초가집을 지었지요. 볏짚보다 나무를 더 쉽게 구할 수 있는 산지 지역에서는 나무를 이용해 집을 지었답니다.

　쉽게 구할 수 있는 재료로 집을 짓는 것은 우리나라만의 일이 아니에요. 다른 나라 사람들도 가장 쉽게 구할 수 있는 재료로 집을 지었어요. 튼튼한 나무가 많은 스웨덴에서는 통나무집을, 흙을 쉽게 구할 수 있는 사우디아라비아에서는 흙집을, 하얀 대리석을 쉽게 구할 수 있었던 그리스에서는 대리석으로 집을 지었답니다.

왜 고장마다 김치 맛이 다를까요?

고장마다 집 모양이 다른 것처럼 김치 맛도 모두 달라요.

남부 지방은 더우므로 음식이 쉽게 물렁물렁해지고 상해요. 그래서 김치를 담글 때 소금을 아주 많이 넣었어요. 소금이 음식이 쉽게 상하는 것을 막아 주기 때문이에요.

북쪽으로 올라갈수록 김치에 들어가는 소금의 양은 점점 줄어들어요. 북부 지방은 소금을 아주 적게 넣지요. 기온이 낮아 소금을 조금만 넣어도 김치가 쉽게 무르거나 상하지 않기 때문이에요.

세계 기후를 공부하게 된 건축가 만드래

만드래는 우리나라 최고의 건축가예요. 하지만 누가 '우리나라 최고'라고 말하면 만드래는 기분이 나빴어요.

"쳇, 무슨 소리! 난 세계 최고야!"

그러던 어느 날, 만드래는 세계 여러 곳에서 집을 지어 달라는 주문을 받았어요.

"드디어 전 세계가 내 실력을 알아주는구나!"

만드래는 당장 비행기를 타고, 집을 지어 달라고 부탁한 사람을 만나러 갔어요. 만드래가 처음 간 곳은 적도 근처 밀림에 위치한 한 부족 마을이었어요. 부족장은 만드래를 반갑게 맞이하며 말했어요.

"우리 아들이 곧 결혼합니다. 아들에게 멋진 집을 지어 주고 싶어요."

"알았습니다. 저만 믿으세요."

만드래는 마을에 있는 집들을 살펴보았어요. 풀잎과 나뭇가지로 지은 집들이 많이 보였어요.

'쯧쯧. 바람이 조금만 불어도 금방 날아가게 생긴 집들뿐이네.'

만드래는 곧바로 흙과 벽돌을 가지고 튼튼한 집을 지었어요. 그런데 부족장은 완성된 집을 보자마자 버럭 소리를 질렀어요.

"이걸 지금 집이라고 지은 겁니까? 바람이 안 통해서 찜통이잖아요! 이 지역에 있는 집들은 곳곳에서 바람이 솔솔 불어 엄청나게 시원하단 말이오!"

화가 난 부족장은 들고 있던 지팡이를 바닥에다 팡팡 찍어 댔어요. 그러자 부족 사람들이 몰려와 만드래를 사정없이 마을 밖으로 밀어냈어요. 결국, 만드래는 비행기를 타고 도망치듯 떠났어요.

"여긴 너무 덥고 습해. 그러니 집 안도 후덥지근한 거라고. 이런 곳에서는 내 솜씨를 제대로 발휘할 수 없어."

만드래는 기후 때문에 실패한 것이라며 투덜거렸어요. 그리고 다음번에는 진짜 솜씨를 발휘해 보겠다고 다짐했지요.

만드래가 두 번째로 간 곳은 사막에 있는 도시였어요. 이곳에 사는 핫살라가 만드래를 반갑게 맞이했어요.

"아내에게 선물할 집이 필요합니다. 좋은 집을 지어 주세요."

만드래는 이 마을의 집들을 살펴보았어요. 햇볕이 쨍쨍 내리쬐는 사막에 진흙으로 만든 집이 빽빽하게 서 있었어요. 게다가 모든 집의 창문이 아주 작아서, 한낮에도 어두웠어요.

'사람이 햇빛을 보고 살아야지. 이렇게 어둡게 지내서야…….'

만드래는 이곳에 창문이 커다란 집을 지었어요. 하지만 완성된 집을 본 핫살라는 만드래에게 마구 화를 냈어요.

"이게 뭡니까? 햇볕이 집 안으로 다 들어오잖아요!"

"맞아요. 햇볕과 바람이 잘 통하도록 커다란 창을…….''

만드래의 말을 자르며, 핫살라는 더욱 불같이 화를 냈어요.

"여기선 사람이 살 수 없어요! 당신이 직접 들어가 봐요!"

　햇살라는 만드래를 집 안으로 밀어 넣었어요. 뜨거운 햇볕이 집 안에 가득 들어와 온도가 너무 뜨거웠어요. 만드래는 땀이 나기 시작하자 옷을 벗었어요. 그랬더니 이번엔 햇볕에 금방 살이 타고 말았어요.

　"어때요? 당신은 이런 집에서 살 수 있습니까?"

　"아니요. 정말 죄송합니다."

　만드래는 고개를 푹 숙이며 사과했어요. 그리고 뒤도 돌아보지 않고 사막 도시를 떠났어요.

　"왜 이렇게 기후가 다 다른 거야? 세계 최고의 건축가가 되려면, 먼저 세계 기후부터 공부해야겠어!"

　만드래는 집으로 돌아오자마자 세계 최고의 건축가가 되기 위해 세계 기후를 공부하기 시작했답니다.

기후를 결정하는 것은 무엇일까요?

지구는 둥글어요. 그래서 위치에 따라 햇볕을 받는 양이 다르지요. 적도 주변은 일 년 내내 햇볕을 많이 받아 덥고, 북극과 남극 주변은 햇볕을 적게 받아 추워요. 적도에서 남북극 쪽으로 갈수록 추워지지요. 하지만 모든 지역의 기후가 적도에서 북극, 남극으로 갈수록 추워지는 건 아니에요.

예를 들어, 유럽 북부 지역에 있는 노르웨이는 북쪽에 있는 도시가 더 따뜻해요. 노르웨이의 수도인 오슬로는 1년 중 가장 추운 1월과 2월의 월평균 기온이 영하 3도예요. 그러나 오슬로보다 북쪽에 있는 도시 베르겐의 1월과 2월 월평균 기온은 영상 1도로 남쪽에 있는 오슬로보다 4도 정도 더 따뜻하답니다. 베르겐보다 더 북쪽에 있는 보데, 나르비크 등의 도시도 오슬로보다 훨씬 따뜻해요. 베르겐, 보데, 나르비크 옆으로 난류가 흐르고 있기 때문이에요.

이렇듯 세계의 기후는 땅의 위치뿐만 아니라 바닷물 온도의 영향도 받아요. 또 땅의 높이, 바람 등도 기후에 영향을 준답니다.

세계의 다양한 기후

지구에서 가장 더운 곳은 적도 주변이에요. 이 지역에는 일 년 내내 더운 여름이 계속되는 '열대 기후'가 나타나요. 열대 기후 지역이라도 높은 산은 날씨가 달라요. 높은 곳에 오를수록 기온이 떨어지기 때문이에요. 높은 산에서 만나는 기후를 '고산 기후'라고 하지요.

열대 기후를 벗어나면 '건조 기후'가 나타나요. 햇볕은 쨍쨍 내리쬐는데, 비가 적게 내려 공기 중에 수분이 부족한 탓에 건조한 날씨가 되지요. 건조 기후를 벗어나면 '온대 기후'가 나타나요. 온대 기후는 따뜻한 여름, 추운 겨울 등 다양한 계절을 갖고 있어요. 사람이 살기에 가장 좋은 기후지요.

온대 기후를 벗어나면 '냉대 기후'가 나타나요. 이 기후대에 있는 땅은 극지방과 가까워서 햇빛을 많이 받지 못해 일 년 내내 추워요. 또 농사를 지을 수 없는 환경이므로 이 지역 사람들은 주로 사냥을 하며 살지요. 햇빛을 가장 적게 받는 북극과 남극 주위는 냉대 기후보다 더 추운 '한대 기후'예요. 땅이 항상 꽁꽁 언 얼음으로 덮여 있고, 너무 추우므로 사람이 살기 힘들답니다.

대지의 여신 가이아의 일곱 아들

대지의 여신 가이아에게는 일곱 명의 아들이 있어요. 아들의 이름은 아시아, 유럽, 아프리카, 남아메리카, 북아메리카, 오세아니아, 남극이에요. 이들은 각각 지구의 일곱 대륙을 나누어 돌보았어요.

"모두 다른 곳에 살다 보니 얼굴도 잊어버리겠네."

가이아는 가족 모임을 위해 아들들에게 전화했어요. 며칠 뒤, 가이아의 연락을 받은 일곱 명의 아들이 한자리에 모였어요. 가이아 옆에는 아시아가 앉았어요.

"아시아는 굉장히 편한가 보다. 얼굴이 좋아졌는걸."

유럽이 입을 삐쭉 내밀며 아시아에게 말했어요.

"편하긴. 내가 돌보는 사람이 얼마나 많은데! 너도 알지? 내 땅에 있는 중국이란 나라에만 무려 전체 인구의 6분의 1이 산다고."

"그건 당연한 거 아니야? 아시아 네가 돌보는 땅이 세계 일곱 대륙 중 가장 크잖아. 난 땅도 작은데……."

유럽은 땅이 넓은 아시아에게 투덜거리며 말했어요.

"그래도 유럽 네가 돌보는 땅에는 세계에서 잘살기로 손꼽히는 나라들이 많잖아. 독일, 영국, 프랑스……."

유럽과 아시아의 대화를 가만히 듣고 있던 가이아는 두 아들이 다툴까 봐 걱정됐어요.

"그만해라. 서로 꼭 붙은 땅을 나누어 돌보는데, 더 친하게 지내야지."

"붙어 있긴 하지만, 우랄 산맥이 가로막고 있어서 자주 못 봐요."

아시아의 말에 유럽도 고개를 끄덕였어요. 가이아는 다른 아들들에게도 안부를 물었어요.

"아프리카는 요즘 어떻게 살고 있니?"

아프리카는 검게 그을린 얼굴로 쑥스럽게 웃으며 대답했어요.

"넓은 사막과 정글에서 야생 동물 돌보는 재미에 항상 즐겁게 살고 있어요. 남아메리카야, 너도 그렇지 않니? 거기에는 넓은 밀림이 있잖아."

아프리카의 말에 남아메리카가 고개를 끄덕였어요.

"맞아요. 농토 때문에 크기가 많이 줄기는 했지만, 제가 돌보는 땅에는 넓은 밀림이 있어요. 그 밀림에서 쑥쑥 자라는 큰 키의 나무들을 보면 마냥 기분이 좋아진다니까요."

남아메리카의 말에 북아메리카가 부럽다는 듯 말했어요.

"좋겠다. 똑같은 아메리카인데 북쪽에는 그렇게 큰 밀림이 없어."

"그 대신 북아메리카 땅에는 세계에서 가장 잘사는 미국이 있잖아."

남아메리카가 위로하듯 말했어요. 그 말을 듣자 북아메리카는 기분이 좋아졌어요. 가이아가 이번엔 여러 형제가 이야기하는 모습을 멀리서 보고 있던 오세아니아에게 물었어요.

"오세아니아, 넌 잘 지냈니?"

"제가 돌보는 땅은 여러 섬으로 이루어져 있잖아요. 매일 이 섬, 저 섬 돌아다니다 보니, 좀 피곤하네요. 그래도 괜찮아요."

오세아니아의 의젓한 말에 가이아는 마음이 놓였어요. 아주 오래전 가장 먼저 독립을 한 아들이 오세아니아였어요. 모두가 모여 살 때, 오세아니아가 다스리는 대륙이 제일 먼저 떨어져 나갔지요. 덕분에 다른 대륙에는 이미 사라지고 없는 캥거루, 코알라 같은 동물들을 데리고 있어요.

모두 오세아니아를 안쓰러워할 때, 남극이 하품하며 말했어요.

"차라리 바쁜 게 좋지. 내가 있는 곳은 너무 춥고, 나라도 없어."

남극에는 가끔 연구를 위해 찾아오는 과학자와 여행자만 있거든요.

"그래. 남극도 힘들겠구나."

가이아는 분위기를 바꾸기 위해 맛있는 음식을 내놓았어요.

"모두 수고가 많구나. 자! 저녁 맛있게 먹고, 앞으로도 각자의 대륙을 잘 지켜 주렴."

"네."

아들들은 합창하듯 대답하고 음식을 맛있게 먹었답니다.

사람들은 언제부터 세계 곳곳에 흩어져 살았나요?

　우주에는 태양과 그 주위를 도는 행성이 있어요. 우리가 사는 지구는 태양에서 세 번째로 가까운 곳에 있는 행성이에요. 지구가 만들어진 건 지금으로부터 약 46억 년 전이에요. 그리고 약 400만 년 전에 사람의 조상이 지구에 나타났어요.

　맨 처음 사람의 조상이 살았던 곳은 아프리카예요. 아프리카에서 오랜 세월을 살다가 약 150만 년 전에 다른 지역으로 이동해 흩어지기 시작했어요. 사람의 조상이 다른 땅을 찾아 떠난 이유는 먹을 것을 구하기 위해서였지요. 처음에 살던 아프리카 사바나 지역에 먹을 것이 귀해지자, 뿔뿔이 흩어져 다른 곳으로 떠난 것이랍니다.

기후에 따라 달라진 피부색

사람은 피부색에 따라 흑인, 백인, 황인으로 나누어져요. 맨 처음 아프리카에 나타났던 사람의 조상은 이렇게 피부색이 다양하지 않았어요. 지금의 흑인처럼 키가 크고, 검은 피부를 가졌었지요. 그런데 인류는 왜 피부색이 달라진 걸까요?

사람의 피부색을 결정하는 가장 중요한 요소는 멜라닌 색소예요. 멜라닌 색소가 많을수록 피부색이 검고, 적을수록 하얗지요. 햇빛이 강한 아프리카 같은 지역에서는 강한 햇빛으로부터 피부를 보호하기 위해 몸에서 멜라닌 색소를 많이 만들어 내요. 반면에 햇빛이 약한 지역에서는 햇빛을 조금이라도 더 많이 쬐려고 몸에서 멜라닌 색소를 적게 만들어 내 피부를 밝게 만들어요. 이렇듯 사람은 각 지역의 기후에 따라 피부색이 달라져 여러 인종이 생겼답니다.

북극곰 쿠쿠의 남극 여행

북극곰 쿠쿠는 언제나 눈과 얼음을 볼 수 있는 북극에 살고 있어요. 바다를 둥둥 떠다니는 빙하, 하늘에서 내리는 눈, 먼 길을 여행하고 온 파도, 이 모든 것이 쿠쿠의 친구예요.

그러던 어느 날 파도가 쿠쿠에게 신기한 이야기를 들려주었어요.

"지구 반대쪽에 남극이란 곳이 있는데, 그곳도 북극처럼 춥대."

"그럼 거기에도 북극곰이 살아?"

"아니. 그 대신 펭귄이 살지."

쿠쿠는 펭귄을 꼭 만나고 싶었어요. 매일매일 펭귄을 만나 노는 꿈을 꿀 정도였지요. 더는 빙하, 눈, 파도와 노는 것이 재미있지 않았어요.

"도저히 못 참겠어. 나를 남극에 데려다 줘."

쿠쿠는 용기를 내어 파도에게 부탁했어요.

"나를 남극에

데려다 줘."

"안 돼."

"제발! 소원이야!"

쿠쿠는 파도에게 계속 졸랐어요. 결국, 파도는 쿠쿠의 소원을 들어 주기로 했어요.

"하지만 난 남극까지 못 가. 중간에 내 형제에게 널 남극에 데려다 주라고 부탁할게."

"고마워! 넌 정말 좋은 친구야."

쿠쿠는 깡충깡충 뛰며 좋아했어요. 쿠쿠는 파도와 그의 형제들의 도움으로 남쪽으로 내려갔어요. 중간에 있는 적도를 지날 때는 너무 더워 온몸에 땀띠가 났어요. 그때는 너무 힘들어서 북극을 떠난 걸 후회하기도 했어요. 하지만 남극이 보이는 순간, 지금까지의 고생은 모두 사라졌어요.

"와! 남극이야, 남극!"

쿠쿠는 신이 나서 소리쳤어요. 멀리 무리 지어 노는 펭귄이 보였어요. 쿠쿠는 냉큼 남극으로 뛰어 올라갔어요. 그런데 남극은 북극보다 훨씬 추웠어요. 쿠쿠의 손발이 모두 꽁꽁 어는 기분이었어요.

"에취! 왜 이렇게 춥지?"

쿠쿠는 몸을 움츠리며 중얼거렸어요. 멀리서 쿠쿠를 본 펭귄 한 마리가 다가왔어요.

"안녕! 난 펭귄 히쿠야. 넌 누구니?"

"난 북극에서 온 북극곰 쿠쿠라고 해."

"북극이라고? 멀리서 왔구나. 반가워."

"나도."

그때 쿠쿠의 코에서 콧물이 주르륵 흘렀어요.

"하하하! 콧물이다!"

"너무 추워서 그래. 왜 여기가 북극보다 훨씬 더 추운 것 같지?"

콧물을 닦으려던 쿠쿠는 깜짝 놀랐어요. 벌써 콧물이 얼어붙어 잘 떨어지지 않았거든요.

"당연히 남극이 더 춥지. 남극은 대륙이라 대륙성 기후를 띠고, 북극은 바닷물이 얼어붙은 거라 해양성 기후를 띠거든."

"대륙성 기후랑 해양성 기후가 무슨 상관인데?"

히쿠는 답답하다는 듯 말했어요.

"남극은 대륙이라 햇볕을 받아도 빨리 데워졌다가 빨리 식거든. 반면

에 북극은 바다라서 천천히 데워졌다가 천천히 식지."

그제야 쿠쿠는 남극이 북극보다 더 추운 까닭을 알았어요.

"이왕 여기까지 왔는데, 우리 같이 놀자."

히쿠가 말했어요. 하지만 쿠쿠는 고개를 절레절레 흔들었어요.

"아니. 난 북극으로 돌아갈래. 너무 추워서 더는 못 있겠어."

쿠쿠는 뒤도 돌아보지 않고, 북극으로 돌아가기 위해 바다로 뛰어들었어요. 빨리 따뜻한, 아니 남극보다 덜 추운 북극으로 돌아가고 싶었답니다.

북극과 남극은 얼마나 추울까요?

북극의 겨울 기온은 약 영하 30도에서 영하 40도예요. 남극은 이보다 기온이 20도 정도 더 낮지요. 지금까지 잰 남극의 최저 기온은 영하 89도랍니다. 남극에서 침을 뱉으면 얼음이 되어 땅에 툭 떨어질 정도이지요. 우리가 집에서 사용하는 냉동실 온도가 영하 20도 안팎이니 북극과 남극이 얼마나 추울지 상상해 보세요.

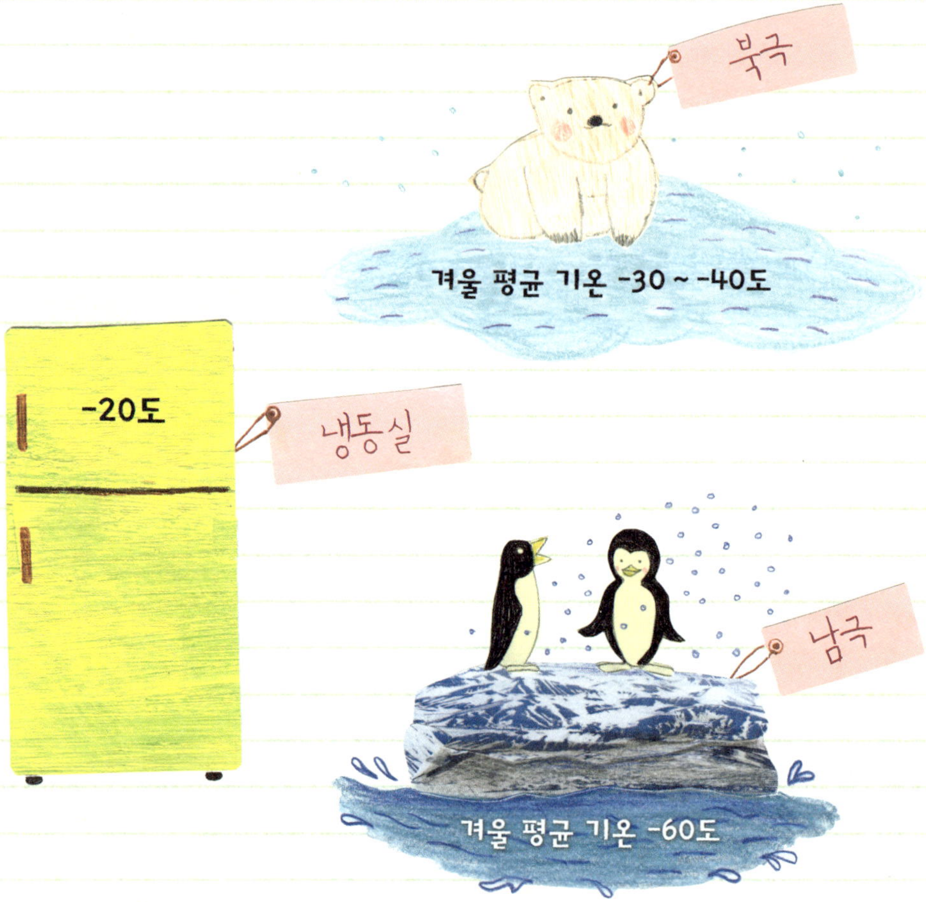

북극 — 겨울 평균 기온 -30 ~ -40도

냉동실 -20도

남극 — 겨울 평균 기온 -60도

주인 없는 땅 '남극'

남극은 너무 추워 사람이 살기 힘든 대륙이에요. 하지만 남극의 땅 밑에는 우리에게 도움이 되는 천연가스, 석유 등 엄청난 양의 광물 자원이 묻혀 있어요. 그런데도 남극에는 나라가 없어요. 주인이 없는 땅인 셈이지요.

사람들이 남극에 관심을 가지고 탐험에 나선 건 20세기부터예요. 1911년에 노르웨이는 아문센, 영국은 스콧을 앞세워 남극을 정복했어요. 그 후 다른 나라들도 남극에 탐험가를 보냈어요. 저마다 주인이 없는 땅인 남극을 차지하기 위해 욕심을 부리다가, 급기야 전쟁이 벌어질 상황까지 갔지요.

전 세계에서는 서로 전쟁을 일으키지 않고, 남극을 사이좋게 이용할 방법을 찾기 시작했어요. 그 결과 1959년에 여러 나라가 함께 모여 만든 '남극 조약'이 탄생했지요. '모든 나라가 남극을 평화적으로 이용하고, 탐사할 수 있다.'라고 정한 남극 조약에 따라, 남극은 한 나라에 속하지 않고 모두가 평화롭게 이용하는 땅이 되었어요. 우리나라도 이 조약에 따라 1988년에 세종 과학 기지를 세우고, 남극을 연구하고 있어요. 또 2014년 2월에는 제2 남극 기지인 장보고 과학 기지가 완공될 예정이라, 남극 연구에 더욱 기대가 모아지고 있답니다.

사람을 죽인 검은 안개의 정체

1952년 런던의 어느 날, 토마스는 추운 기운을 느껴서 다른 날보다 일찍 잠에서 깼어요. 창밖에는 짙은 안개가 자욱했어요. 하지만 이상하다는 생각은 하지 않았어요. 토마스가 사는 곳은 안개가 자주 끼는 곳이니까요.

부엌에 나가 봤더니, 엄마가 아침 준비를 하고 있었어요.

"엄마, 집이 좀 춥지 않아요?"

"해가 나면 기온도 좀 오를 거야."

하지만 오후가 되어도 좀처럼 기온은 올라가지 않았어요. 밖을 내다보니 대부분의 집 굴뚝에서 검은 연기가 나오고 있었어요.

"우리도 석탄을 좀 더 태워서 집을 따뜻하게 해야겠어."

엄마는 난로에 석탄을 더 넣었어요. 더 많은 검은 연기가 굴뚝을 타고 밖으로 나가 뿌연 안개와 섞였지요. 바람도 불지 않았기에 검은 연기는 그 어디로도 날아가지 않고, 마을 위에 가득 쌓여 갔어요.

잠시 후, 똑똑 문 두드리는 소리가 들렸어요. 문을 열어 보니, 옆집 아주머니였어요.

"그거 들었어요? 오늘 앞집 꼬마가 죽었대요."

"정말요? 어제까지만 해도 멀쩡했는데 왜요?"

"아이가 집 앞에서 놀다가 갑자기 쓰러졌는데 숨을 못 쉬더래요. 그래서 병원에 갔는데 치료할 새도 없이 그만……."

"어머!"

"그런데 정말 이상한 건, 앞집 꼬마처럼 숨이 막힌다고 병원에 온 사람이 오늘따라 아주 많더래요."

옆집 아주머니는 앞집 꼬마의 슬픈 소식을 전해 주고는 총총히 집으로 돌아갔어요.

"대체 무슨 일이지?"

엄마와 토마스는 그제야 뭔가 나쁜 일이 일어나고 있다는 사실을 깨달았어요. 엄마는 앞집 꼬마의 죽음을 위로하기 위해 장례식에 쓰일 꽃을 보내려고 꽃집에 갔어요. 하지만 꽃집에는 이미 꽃이 다 팔린 후였어요.

"오늘 장례식용 꽃을 찾는 사람들이 많았어요. 장례에 쓰일 관도 부족하대요. 오늘따라 왜 이렇게 죽는 사람들이 많은지."

엄마는 어쩔 수 없이 빈손으로 돌아왔어요.

그렇게 하루하루가 흘러갔지만, 하늘에 가득히 쌓인 검은 안개는 사라지지 않았어요. 그와 함께 나쁜 소식도 늘어났어요.

"가축 전시장에서 소들이 갑자기 다 쓰러져 죽었대."

"병원에서는 실려 오는 사람들이 치료할 새도 없이 죽고 있대."

런던을 떠나 다른 도시로 잠시 몸을 피하는 시민들도 늘었어요. 곳곳에서 나쁜 소식이 들릴 때마다 토마스는 점점 더 무서워졌어요.

수많은 사람이 갑자기 죽자 정부에서 조사를 시작했어요. 며칠 뒤 정부에서 조사 결과를 발표했어요.

"이번 사건의 원인은 감기입니다. 날이 추워지면서 감기 환자가 늘어난 것입니다. 감기에 옮지 않도록 주의하세요."

이 발표를 들은 토마스와 엄마는 안심했어요. 하지만 그것은 잘못된 조사였어요. 나라에서 다시 조사한 결과, 사건의 원인은 검은 연기 때문으로 밝혀졌어요.

"석탄을 땔 때 나오는 검은 연기가 안개와 섞이면 스모그가 만들어집니다. 이 스모그가 이번 사건의 원인입니다. 우리 모두 스모그가 생기지 않도록 공기를 깨끗하게 만듭시다."
이 발표를 들은 토마스는 깜짝 놀랐어요.
'사람들을 위험에 빠뜨린 원인이 우리를 따뜻하게 해 주는 석탄이었다니…….'
그 후 이 사건은 전 세계에 널리 알려졌고, 대기 오염의 위험을 알리는 큰 계기가 되었답니다.

스모그란 무엇일까요?

스모그(smog)란 연기(smoke)와 안개(fog)가 합쳐져서 만들어진 단어로, 대기 오염 현상 중 하나예요. 공장이나 건물의 굴뚝, 자동차에서 나오는 매연이 안개와 합쳐져 생긴 것이지요. 스모그에는 황산염, 질소산화물, 일산화탄소 등 자연에 해로운 여러 가지 오염 물질이 잔뜩 들어 있어요. 따라서 스모그 속을 돌아다니면 숨을 쉴 때마다 이러한 오염 물질이 사람의 몸속으로 들어와 병이 생길 수 있지요.

스모그로 인한 가장 대표적인 피해 사례는 동화 속에 나온 1952년 영국 런던 스모그 사건이에요. 그 후로 세계 곳곳의 큰 도시에서 스모그가 종종 생기고 있어요. 우리나라에서도 자동차 사용이 많이 늘어난 1980년대부터 스모그 현상이 생겼지요.

이러한 대기 오염을 막기 위해 해로운 물질이 많이 나오는 석유 대신 친환경 천연가스를 이용하고, 난방 온도를 낮추는 등 다양한 노력을 기울여야 한답니다.

환경 문제는 어떤 것이 있나요?

　환경이란 우리를 둘러싸고 있는 모든 것이에요. 그리고 환경에 나쁜 영향을 주는 갖가지 문제가 '환경 문제'랍니다.

　공장과 자동차의 매연은 대기 오염을 일으켜요. 대기가 오염되면 숨을 쉬기 힘들지요. 또 머리가 아프고, 기침이 나며, 눈병도 자주 생겨요. 공기 중에 떠다니는 해로운 물질들이 안개와 섞여 만들어지는 스모그, 비와 함께 내리는 산성비 등도 대기 오염 때문에 생기는 현상이지요.

　우리가 쓰고 버린 폐수는 물을 오염시켜요. 물이 오염되면 거품이 생기고, 냄새가 많이 나 사용할 수 없어요. 이런 물속에서는 물고기도 살지 못하고, 식물도 자랄 수 없지요.

　우리가 땅에 묻는 쓰레기, 논밭에 뿌리는 농약은 땅을 오염시켜요. 땅이 오염되면 식물이 자라기 힘들어져요. 식물이 자라지 못하면, 그 식물을 먹고 사는 동물도 살기 힘들어지지요.

　이러한 대기 오염, 수질 오염, 토양 오염은 우리가 관심을 가지고 더 큰 오염을 막기 위해 노력해야 하는 대표적인 환경 문제랍니다.

생명을 살리는 천 원

정우는 부모님에게 몇 달을 조르고 졸라, 한 달에 3만 원의 용돈을 받기로 했어요. 그 대신에 매달 용돈에서 천 원씩을 해외 아동 복지 단체에 보내기로 했지요.

"해외 아동 복지 단체에 돈을 보내기로 한 약속은 꼭 지켜야 해. 다른 나라에 사는 가난한 어린이를 돕는 거야. 잊지 마."

엄마의 말에 정우는 손가락을 걸고, 꼭 지키겠다고 약속을 했어요. 정우도 몇 달간 약속을 잘 지켰어요. 하지만 석 달이 지났을 때 일이에요. 정우는 해외 아동 복지 단체로 보내는 천 원이 아까워졌어요. 그래서 엄마와의 약속을 어기고, 천 원을 보내지 않았어요.

"정우야! 이번 달에도 해외 아동 복지 단체에 돈 보냈지?"

"그게……."

엄마의 물음에 정우는 아무 말도 할 수 없었어요.

"안 보낸 거니?"

"엄마! 아무래도 제 용돈이 너무 적은 거 같아요. 더는 돈을 못 보내겠어요."

정우의 말에 엄마는 한숨을 푹 내쉬었어요.

"정말 그렇게 생각하니? 그럼 어쩔 수 없고."

크게 혼날 거라고 생각했지만, 엄마는 아무 말도 하지 않았어요.

그날 밤의 일이에요. 누군가가 곤히 자는 정우를 깨웠어요. 눈을 떠 보니, 날개 달린 천사가 정우 주위를 날아다니고 있었어요.

"넌 누구야?"

"너에게 꼭 보여 주고 싶은 게 있어서 먼 하늘나라에서 왔어."

"지금? 이 밤중에?"

"응. 꼭 봐야 해."

천사는 정우를 붙잡고 날아올랐어요. 천사가 정우를 데려간 곳은 소말리아의 한 집이었어요. 그 집에는 아주 작은 아이가 잠을 자고 있었어요.

"여기가 어디야?"

"핫산네 집이야. 너에게 핫산을 보여 주고 싶었어. 핫산은 태어난 지 3개월이 되었을 때 영양실조에 걸렸지."

그 말에 정우는 핫산이 너무 불쌍했어요.

"그런데 왜 날 여기로 데려온 거야?"

"네가 지금까지 핫산을 살려 왔잖아. 네가 해외 아동 복지 단체에 보낸 천 원이 핫산에게 보내졌어. 이곳에서는 백 원이면 밥 한 끼를, 천 원이면 열 끼를 먹을 수 있거든. 덕분에 영양실조에 걸렸던 핫산이 조금씩 건강을 되찾고 있지. 근데 네가 앞으로 천 원을 보내지 않는다면?"

"그럼 핫산이 다시 영양실조에 걸린다는 거야?"

"글쎄. 그건 모르지. 하지만 모두가 너처럼 다른 사람을 돕는 데 쓰는 돈을 아까워한다면 핫산 같은 아이는 살기 힘들 거야."

천사의 말에 정우는 마음이 무거워졌어요. 천사는 핫산을 보여 준 후, 다시 정우를 집으로 데려다 주었어요.

"세상에는 핫산처럼 다른 사람의 도움이 필요한 아이들이 참 많아. 전 세계에 21억 명의 어린이가 있는데, 그중 절반이 어려운 환경으로 고통받고 있어. 돈이 없어 학교에 다니지 못하는 아이, 전쟁 때문에 군대에 끌려간 아이, 예방 주사를 맞지 못해 죽어 가는 아이, 공장에서 일하는 아이 등이 있지. 모든 어린이가 너처럼 행복했으면 좋겠는데 참 마음이 아프다."

천사는 정우에게 이불을 덮어 주고는 흔적도 없이 사라졌어요.

다음 날 아침, 정우는 잠에서 깨자마자 엄마에게 달려갔어요.

"엄마, 해외 아동 복지 단체에 계속 돈을 보낼게요."

"갑자기 왜 마음이 바뀌었어? 용돈이 부족해서 돈 보내기 힘들다며?"

"괜찮아요. 만약에 제가 또 마음이 바뀌면 핫산을 기억하라고 말해 주세요."

"핫산? 그게 누구니?"

"제 친구요."

정우는 고개를 갸웃거리는 엄마를 뒤로한 채, 웃으며 학교에 갈 준비를 서둘렀어요.

왜 다른 나라 사람들도 살펴야 하는 걸까요?

옛날 사람들은 지구가 어마어마하게 크다고 생각했어요. 하지만 지금은 교통과 통신이 빠르게 발달하면서 지구가 한마을처럼 가깝게 살고 있지요. '지구촌'이라는 말이 생겼을 정도니까요.

지구에는 우리와 관련된 수많은 일이 벌어지고 있어요. 중동에서 전쟁이 일어나면 석유 가격이 오르고, 칠레에서 지진이 일어나면 과일값이 오르지요. 세계 곳곳에서 벌어지는 일들이 우리에게 영향을 주는 거예요. 따라서 우리가 모두 행복해지려면 세계의 어려운 사람들을 돕기 위해 노력해야 해요.

지구촌이 겪고 있는 가장 큰 문제는 전쟁이에요. 지난 10년 동안 전쟁으로 200만 명의 아이들이 목숨을 잃었어요. 게다가 전쟁은 땅을 황폐하게 하므로 먹을 것을 구할 수 없게 만들지요. 황폐해진 땅 때문에 세계인 중 약 10억 명이 굶주림에 시달리고 있어요. 또 환경 오염으로 깨끗한 물을 얻지 못해 매년 500만 명이나 되는 사람들이 죽고 있어요.

더 큰 환경 오염을 막기 위해 여러분이 할 수 있는 작은 일들을 찾아보세요. 또 자원을 아껴 쓰고, 자연을 소중히 하는 마음을 잊지 마세요.

지구촌 문제를 해결하기 위해 노력하는 단체

　세계에는 전쟁, 굶주림, 질병, 환경 파괴 등 지구촌의 여러 문제를 해결하기 위해 활동하는 단체가 많이 있어요. 어떤 단체들이 있는지 살펴볼까요?

• **그린피스** | 환경 보호를 위해 활동하는 단체예요. 처음엔 프랑스의 핵 실험을 반대하기 위해 만들어졌지만, 지금은 환경을 보호하는 모든 일에 앞장서고 있답니다.

• **국경 없는 의사회** | 전쟁, 굶주림, 자연재해, 질병 등으로 고통받는 사람들을 돕기 위해 만든 의료 단체예요. 의사의 손길이 필요한 곳이라면 어디든지 달려가 아픈 사람들을 치료해 주지요.

• **유니세프** | 유엔에서 만든 특별 기구예요. 질병, 굶주림 등으로 고통받는 세계 어린이들의 복지를 위해 힘쓰고 있어요.

세계 지도로 지구 들여다보기

세계 지도를 통해 지구의 모습을 더 자세히 살펴보아요.

서경 P.57
경도 0도선부터 지구 서쪽 부분에 있는 경도예요.

북위 P.56
적도 북쪽에 있는 위도예요.

적도 P.57
위도의 기준이 되는 선이에요. 지구의 북극점과 남극점으로부터 같은 거리에 있는 지구 겉면의 점을 이은 선이에요.

위도 P.56
지구 위의 위치를 나타내는 가로선이에요. 적도를 중심으로 일정한 간격의 선이 위아래로 그어져 있지요.

지구의 자전 P.65
지구는 자전축을 중심으로 서쪽에서 동쪽으로 1시간에 15도, 24시간에 360도, 즉 하루에 1바퀴를 돌아요.

만 P.70
바다가 육지 속으로 파고들어 있는 곳이에요.

북아메리카

대서양

북반구 ↑
남반구 ↓

북반구와 남반구는 계절이 반대예요.

남아메리카

태평양

남위 P.57
적도 남쪽에 있는 위도예요.

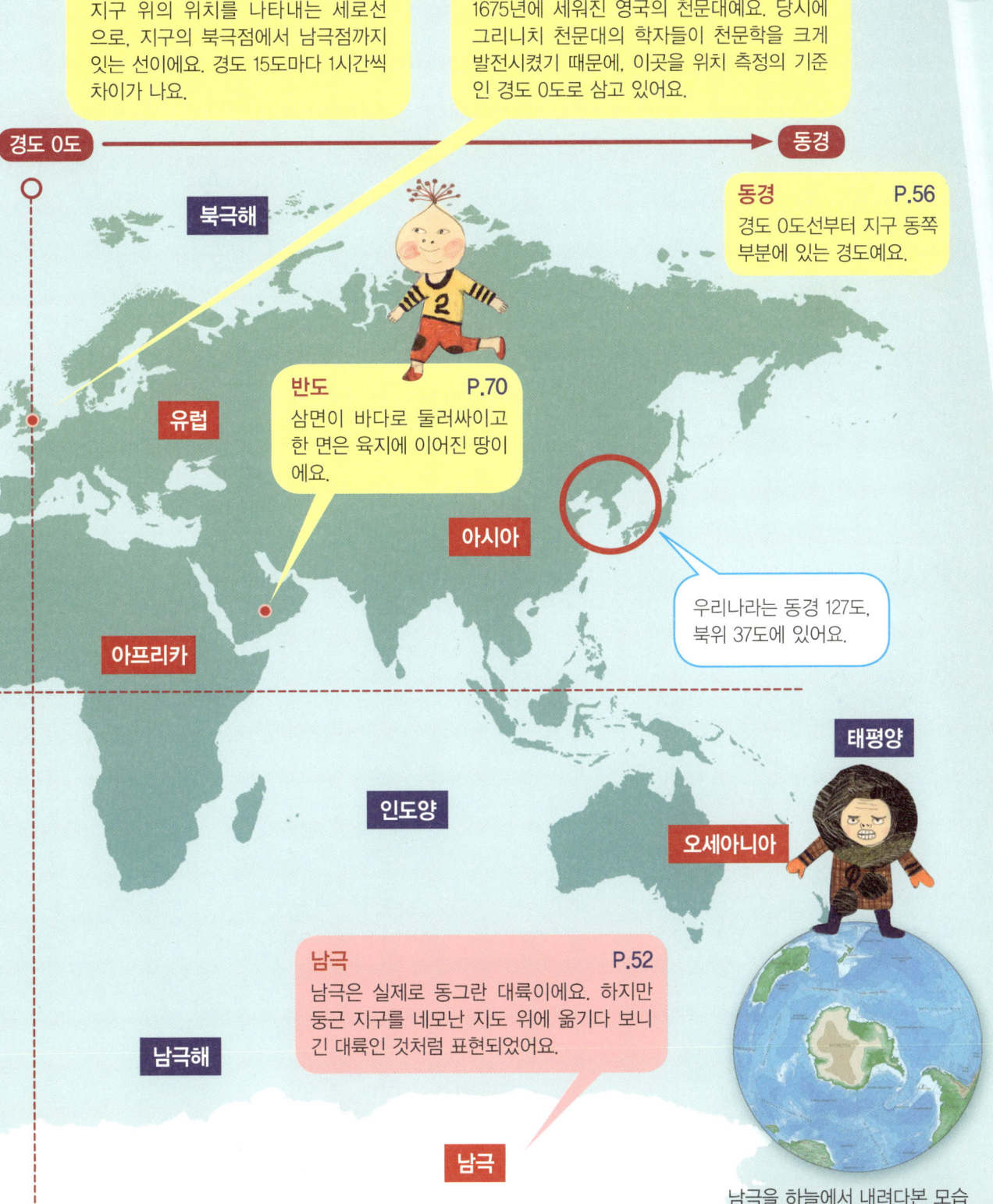